走进 南岳

袁国平、袁煜 ◎ 著

西安出版社

图书在版编目（CIP）数据

走进南岳 / 袁国平，袁煜著 . -- 西安 ：西安出版社， 2023.12

ISBN 978-7-5541-7224-7

Ⅰ．①走… Ⅱ．①袁… ②袁… Ⅲ．①衡山—地方史 Ⅳ．① K928.3

中国国家版本馆CIP数据核字（2023）第225082号

走进南岳
ZOUJIN NANYUE

作　　者：	袁国平　袁煜
出版发行：	西安出版社
社　　址：	西安市曲江新区雁南五路 1868 号影视演艺大厦 11 层
电　　话：	（029）85253740
邮政编码：	710061
印　　刷：	天津中印联印务有限公司
开　　本：	880mm×1230mm　32 开
印　　张：	7.5
字　　数：	120 千字
版　　次：	2023 年 12 月第 1 版 2023 年 12 月第 1 次印刷
书　　号：	ISBN 978-7-5541-7224-7
定　　价：	69.00 元

送陈郎将归衡岳

唐·李白

衡山苍苍入紫冥，下看南极老人星。

回飙吹散五峰雪，往往飞花落洞庭。

气清岳秀有如此，郎将一家拖金紫。

门前食客乱浮云，世人皆比孟尝君。

江上送行无白璧，临歧惆怅若为分。

南岳雪景（摄影：刘建平）

南岳远景（摄影：周翔宇）

朱凤行

唐·杜甫

君不见潇湘之山衡山高，山巅朱凤声嗷嗷。

侧身长顾求其群，翅垂口噤心甚劳。

下悯百鸟在罗网，黄雀最小犹难逃。

愿分竹实及蝼蚁，尽使鸱枭相怒号。

谒衡岳庙遂宿岳寺题门楼 (节选)

唐·韩愈

森然魄动下马拜，松柏一径趋灵宫。

粉墙丹桂动光彩，鬼物图画填青红。

升阶伛偻荐脯酒，欲以菲薄明其衷。

庙令老人识神意，睢盱侦伺能鞠躬。

南岳大庙（摄影：刘建平）

祝融峰（摄影：周翔宇）

醉下南岳祝融峰

宋·朱熹

我来万里驾长风，绝壑层云许荡胸。

浊酒三杯豪气发，朗吟飞下祝融峰。

⛰ 序 言

五千年事几沧桑，说与今人论短长。倒柜翻箱无别意，搜肠刮肚有心香。为寻真相劳神智，总把残灯映夜光。渴慕诸君多灼见，倾情异议好商量。

怀桑梓之情特编著《走进南岳》，该书对南岳自然风光、名称由来、历史地位、文化底蕴，尤其是与楚国文化、道家及道教文化、儒家文化、佛教文化的历史渊源及与宋明理学、阳明心学、湖湘文化、船山文化、抗战文化的关联与发展进行了简略的叙述，从而说明南岳在中国的历史地位与重要性，以窥斑见豹了解中国传统文化的发展历程。

钟灵毓秀的南岳衡山，72峰旌旆逶迤，800里群峰竞秀。它承载着五千年华夏文明，拥抱着九万里云海波澜，留存着三皇五帝的足迹；显耀着数代祝融的恩威。

春花争奇斗艳，沁人心脾；夏云波澜壮阔，摄人心魄；秋日朝阳喷薄，扣人心弦；冬雪玉树琼花，耀眼迷离。

离奇的佛光殿影、圣灯明月、五龙朝圣、云开九面、龙池蛙会、华严奇光、银杏受戒、寺树听经千古流传，为南岳衡山蒙上了一层神秘面纱。

怪诞的异木同根，连理相拥，千载不移；满目的奇花异草，漫山丛生，形成天然药圃，古国花园，为南岳衡山更添一抹浪漫色彩。

因风光旖旎，惹人文荟萃。神农在此尝百草，黄帝登此授戒经；嫘祖于斯教蚕桑；祝融镇此司光明；舜帝承露泉以赏百官；禹帝治水患礼祭南岳。儒风世代相传，道家捷足先登，佛教如影随形。唐代李泌遁避南岳，潜心修学，蜚声中唐，人称山中宰相，南岳道人。他集儒释道三家文化于一炉，相融相生，共守一山，同荣一庙。和谐文化共同凝薰万姓，陶化八纮。此后，胡安国于此传承理学，开湖湘宗风；湛甘泉、王阳明轮番演说心学。书院林立，蔚然成风。民国期间国共抗倭，佛道降贼，抗日期间清华、北大、南开大学涉足登临。

诸多史实已沉睡于志书等故纸堆里少人问津。但一些关心热爱南岳的人士为迎合某种需要未能全面了解史实而依据道听途说臆造某些故事或观点，我虽不赞同其做法但尊重其热情。文化必须在尊重史实的前提下才能得以传承和发扬光大，无源之水、无本之木终会是梦幻泡影。所以早几年编纂了《南岳名胜名词集成》和《南岳古今名胜楹联注释》以求对南岳一些名词、对联的误解与讹传能正本清源。现在又写了《走进南岳》，希望大家通过阅读本书能更好地了解南岳和南岳文化，走出闺阁，面向更广阔的天地。也希望通过本书呈现的真实的南岳历史为更多南岳文化爱好者提供一条辨别与筛选的路径，从而作出自己的判断。

比如现在流传着王船山即湖湘文化精神源头的说法，我认为王船山既不是文化源头更不是精神源头。湖湘文化起源于迁居南岳的胡安国、胡宏父子之理学，张栻是湖湘文化的集大成者。王船山只是明末岳麓书院的学生，是湖湘正脉，但不是源头，本书在"南岳与湖湘文化的由来及成就"和"王船山与南岳"中均有论述。

湖湘文化有其名称的由来及传承脉络，尤其有自己的核心思想，并不局限于湖南文化和湖南一域，而是宋明理学的延续，与洛学、闽学虽有异趣但一脉相承，是儒学传承发展的一个阶段与历程。

本书在"南岳有道""佛在南岳""王船山与南岳""从南岳破门与大错和尚谈儒释道文化""宋明理学传承脉络浅疏七百年"中探索了道、儒、释三家文化的相同相通之处，以及三家文化对自然与社会的认识及其对人类社会产生的积极作用。还探讨了其学术思想被现代科学所印证的事实。以便于大家更好地了解三家文化的真实意思。

我对周敦颐将陈抟的"太极混元态"推演成"无极"的理论，作了进一步联想，所谓"无极"是古人说的"未分的盘古"，是宇宙大爆炸前的混沌之态，是蕴藏着极大能量的原始物质。演变成太极就有了阴阳，盘古裂开了，宇宙大爆炸了，就化生成了各种功能，产生了万物。

我在书中也探讨了太极阴阳与宋明理学之间的关系，对程朱理学和陆王心学、客观唯心与主观唯心作了简述，对王船山的"太虚一实""气一元论"进行了简单论述，对王船山的《黄书》与"平天下就是均天下"的观念提出了不同的见解。以上也许能为爱好者提供一些思路。

本书中，凡是涉及南岳的，不论是道学、儒学、佛学、理学、心学及楚国历史等文章之间可能有些内容互相重叠，在所难免，因为不能割断文章情节的来龙去脉。

南岳是中华文化名山。敬畏之余，我只是秉着一种桑梓情怀猎取只鳞片爪，因为文化水平有限导致思维局限，难免会有错漏之处，还望喜欢南岳文化的诸君不吝赐教。

《走进南岳》只是：情怀桑梓自多情，一盏心灯话纵横。可惜无才难尽意，并非白首为功名。

袁国平

2022 年 12 月

目录

扫码查看
☑ 文明奥区　☑ 中国名山
☑ 文化大观　☑ 在线交流

第一章　南岳"五气"致祥

古代人们对山岳的崇拜缘于其高大雄伟、隐天蔽日、怪石嶙峋、森罗万象且神秘无比，是生活物资之源。《说文解字》解释"山"说："山室也，谓能宣散气，生万物也，有石而高。"古人认为山岳是神灵之居所，有通天达地之灵，让人油然而生敬畏之心，以至崇拜。

五岳是中华民族古代江山社稷的方位象征，帝王逢时都要进行祭拜，《礼记·王制》载，上古舜帝时要对五岳进行祭祀："天子五年一巡狩，岁二月，东巡狩，至于岱宗。柴而望祀山川……五月南巡狩，至于南岳，如东巡狩之礼。八月西巡狩，至于西岳，如南巡狩之礼。十有一月北巡狩，至于北岳，如西巡狩之礼。"五岳地理环境、气候物产，各有其特征。

南岳的特征具有五种祥瑞之气，古今贯之，可谓物华天宝，人杰地灵。古往今来游人如织，车流蜂拥，堵街塞巷，人声鼎沸，如今每年接待游客信士逾千万人次之多。

一、大气

南岳衡山胸襟之大绵延 800 里，有 72 峰之灵秀，首起衡阳回雁峰，止于长沙岳麓峰，跨越湖南 13 个县市区。常年云海浩渺，茫无际涯，气吞万里。

其视野之大有"远观湖广三千界，近看东南八百洲"之感，其气势之大有李白诗言："衡山苍苍入紫冥，下看南极老人星。回飙吹散五峰雪，往往飞花落洞庭"。宋代黄庭坚亦说："上观碧落星辰近，下视红尘世界遥。"

其胸怀之大能容道、儒、佛三教于一堂，容宋明理学、阳明心学、湖湘文化、抗战文化于一山。儒、释、道三教共同相守，互相包容，故邹鲁曾给南岳题"雍容大雅"四字，末小序说："今春小居黄山，顷漫游九华，匡庐而至南岳，觉其俊奇秀美，诸山各有大观，而雍容大雅，惟南岳足以当之。"

二、秀气

"五岳独秀"是古代东岳赵幼如题。已故国务院副总理王震又题"秀冠五岳"。南岳本为花岗岩山体，但岩石并不裸露，绝大部分都有很厚的泥土覆盖，所以植被茂盛，唐代王维诗说："绽衣秋日里，洗钵古松间。"刘长卿诗言："苍苍竹林寺，杳杳钟声晚。"王棨有诗句："叠翠重重数千仞兮，峭若芙蓉。"

如今南岳绿化面积达 80% 以上。因此负氧离子每立方厘米达到 20000 个，有些地方高达数万，古树名木繁多，奇珍异草丛生，有怪诞的异木同根，连理相拥。有福严寺南北朝的银杏、曾受戒于陈朝慧思和尚、有圣灯岩的珊瑚芝、隐松岩的翠绿松，有"夏雪晴雷"的水濂瀑布、跳玉喷珠的白练悬空，南岳树木园是我国亚热带最大的植物基因库，保存了亚热带维管类植物 230 科 1040 属 2637 种，其中国家重点保护植物 119 种。如世界罕见而南岳独有的绒毛皂荚、黏质杜鹃等。四时风景各异，春花烂漫，夏云浩渺，秋山红叶，冬日玉树琼枝，一览无际，晴有阳光筛影，风来修篁摇翠，泉石和鸣，竹楼生风。总让人心旷神怡，流连忘返。

三、云 气

"西南云气来衡岳，日夜江声下洞庭。"这是长沙岳麓山岳麓宫的对联。云气亘古不变，南岳邺侯书院门联下联曰："九千丈云山不改，凭栏细认古烟霞。"古人有"黄山松、衡山云"之说，说明衡山云乃一奇景与特色。尤其雨后新晴则会烟波浩渺，茫无际涯，微风轻拂必云涌峰流，岫隐峦飞。唐代刘长卿在《长沙赠衡岳祝融峰般若禅师》中这样描写云气："归路却看飞鸟外，禅房空掩白云中。"韩愈在《宿岳庙题门楼》中也写道："喷云泄雾藏半腹，虽有绝顶谁能穷。"他在《游祝融峰》诗中亦言："祝融万丈拔地起，欲见不见轻烟里。"同一个朝代的诗人卢肇在《登祝融寺兰若》也提到："行到月宫窗外寺，白云相伴两三僧。"云海是南岳一大奇观，尤其雨后新晴，微风吹拂，则见波涛汹涌，白浪滔天，波澜壮阔之感可气吞山河。有时白云朵朵在山谷游荡，若狂风起时，树逐云涛，则山呼海啸；若雨霁风停，云淹双腿，如临仙境。古代铁脚道人感慨："云海荡吾心胸。"古人坐船荡游湘江九曲蜿蜒盘旋，仰首南岳祝融峰在云雾中时开时合，欣然感叹"帆随湘转，云开九面"。

四、和 气

唐代宰相李泌本为儒学大家，但他隐居南岳修道、参佛，拜高道张太虚为师，学道家秘文。与佛教高僧希迁、明瓒往来甚密，著有《养和篇》《明心论》。加上儒、释、道三家的核心思想本就大同小异，最早在南北朝时梁武帝就曾要求儒、释、道三教融合。南岳由于儒家李泌的中和，佛道也自然往来甚密，交流繁多。最后儒、释、道三家和于一山，共荣一庙。如今南岳大庙供奉的圣帝祝融稳坐中央，东边有道教八个道观，西边有佛教八个佛寺。

"和"还见于学术上的中和：宋明理学大家张栻与朱熹在"心"与"理"存在分歧，后两人通过在长沙岳麓书院讲学和南岳同游，形成了一致的思想认识。

"和"更体现在同心抗敌：在日寇侵华时国民党与共产党捐弃前嫌放下敌对，坚持两党和平相处，拳头一致对外，在南岳举办游击干部训练班，培养抗日骨干，挽救民族危亡。

这些足见南岳是一座和谐之山，具有和谐之灵，充溢着一种和谐文化。

五、灵气

南岳自古有灵山之称，被流传的诸多历史典故一一印证着。曾有禹帝为治理天下洪水泛滥，在南岳杀白马祭天，果然在山上获得金简玉书，了解了治水之法，疏泄了天下水患，使百姓能安居乐业。

南岳还流传着韩愈开云的故事，韩愈被贬岭南，复职路过衡山欲登南岳，无奈多日阴雨连绵，漫山云遮雾绕，他虽不信神，但还是叫童仆焚香，自己默默祷告，当晚即气清月朗。第二天上山则万里晴空，故写下了《谒衡岳庙遂宿岳寺题门楼》一诗："我来正逢秋雨节，阴气晦昧无清风。潜心默祷若有应，岂非正直能感通，须臾静扫众峰出，仰见突兀撑青空。"还写了《游祝融峰》《望日台》《别盈上人》等诗作。

也有朱张雾雪的典故。宋乾道三年（1167）十一月，朱熹访张栻于湖南，在岳麓书院共同讲学月余之后商约游南岳衡山。本来风雪交加，"云阴骤起，飞霰交集"，张栻、朱熹及其学生林用中、范念德静心祈祷，第二天果然雪霁云收。几人畅游南岳诸峰并和诗 149 首。

在李元度《南岳志》中载金简峰有圣灯岩，"每阴晦之夜，灵光上下，如秉烛然"。云密峰下仙人室也有此现象，明代杨志伊有《圣灯岩》诗："光天观里朝南斗，青玉坛前祝上台。夜半不知明月上，山僧翻报佛灯来。"

祝融峰有时若晴空万里，突然呈现出色彩绚丽的光环，山顶祝融殿的影子出现在光环中央，并有无数人影闪动，称为佛光殿影。

南岳华严湖有时在日光照射下光芒四射，称为华严奇光。

更有湘江五曲大弯向着南岳祝融，称为五龙朝圣。

南岳每逢惊蛰、春分节气，在龙池与广济寺有"蛙塔"奇观，即石蛙（蟾蜍）互相重叠，多达十几座或上百座，持续时间三五天或十天，故有龙池蛙会之称。

南岳的灵气惠顾了天下百姓，祈福祈寿观光的游客接踵而来。

因此，南岳五气乃此山之大观。大气能使人开怀，秀气则可赏心，云气则可悦目，和气更可无忧可长寿。灵气可圆梦，有梦必有动力，有动力则可萌生智慧，调动潜能，坚持不懈，梦自可圆。数千年来五气吸引了历代王侯将相与才子佳人的青睐，他们用文化装点了这座中华名山。炎黄舜禹之登临，确定了南岳衡山之名，祭祀之时。延至隋代，并由对山岳之崇拜的柴望之礼演化成对南方火神祝融的拜祭而进入庙享。

第二章　南岳名称典故

南岳衡山是自古以来人们的习惯称谓，1984 年国务院为了对南岳风景名胜资源更好地保护，将南岳、衡山一分为二划成两个互不隶属的县级行政机构，南岳区以保护资源和修复景观景点为主要职责，并利用资源开展旅游业，在保护中利用，在利用中保护。

南岳自古名称很多，还有寿岳、南山、朱陵、神山、灵山、岣嵝山等称谓。

南岳衡山是一个组合名称，"南"是方位，在 7000 多年前新石器时代，上古三皇中的伏羲就分出东南西北四方。传说能准确地测定"东南西北"的方位，并逐步发现了木火金水等行星，用四星代表四方，南方天气炎热与火星相配。

"岳"是上古时期的官名，主管四方的祭祀活动，为诸侯之首。如"南岳"就是主管祭祀南方的最高长官，因南方属火又称火正。帝喾时期将火正重黎赐名祝融，"祝"

是向神鬼祈福，"融"是光明，后来将重黎之前与之后的火正官统称为祝融，故此南岳神有祝融之称。火正的职责很多，如教民用火拓荒，以及观察天上大火星的变化，掌握季节，实施农耕。

《荆州记》载："南岳衡山，朱陵之灵台，太虚之宝洞，上承轸宿，铨德钧物，故名衡山。下踞离宫，摄位火乡，故名南岳。"

"衡山"之名最早见于《尚书·禹贡》，禹导水疏河，从"岷山之阳，至于衡山。"《山海经·海内经》载："南海之内，有衡山。"并在"衡山"下注曰："南岳"。

寿岳之名源于南岳山对应北斗七星中的玉衡星。

清代康熙皇帝诏修南岳庙，公元1705年竣工时由他书写的《重修南岳庙碑记》开篇即说："南岳为天南巨镇，上应北斗玉衡，亦名寿岳，主灵长于禄位，绵福祚于子孙，载在《星经》，由来尚已。"

北斗居天之中央，由四象二十八宿所拱卫。康熙帝的"主灵长于禄位，绵福祚于子孙"既是对南岳几千年来香火鼎盛的一个总结，也是对南岳祥瑞的昭示。当今悬挂南岳庙正殿前的"光辅紫宸""永峙南维"两块匾额也是康熙皇帝所题，这也进一步把南岳的地位和作用推得更高。

雍正帝诏修南岳庙御题"功宏育物"，乾隆帝诏修南岳庙御题"灵曜南云"，嘉庆帝御题"宅南标极"，同治帝御题"铨德钧物"，光绪帝御题"黄离永吉"，无不彰显南岳的至尊地位。

"寿岳"之名的另一种说法还源于古代星象学说，南岳衡山位属四象二十八宿南方朱雀中的井、鬼、柳、星、张、翼、轸的轸宿。

轸宿周围共有 42 颗星，旁有一小星称长沙星，其义谓："主寿、子孙昌。"据典故相传，《黄帝占》曰："轸者，以候王者寿命……"因此特命名一星为"长沙"，取延寿之意。这就是寿岳的来历，也是长沙的来历，故长沙又称星城。

唐开元二十六年（738），玄宗李隆基曾派大臣张奉国和道士同来南岳水帘洞投放祈寿铜简，其文又称南岳投龙告文（简称"南岳投龙简"，现藏于贵州博物馆）："大唐开元神武皇帝李隆基，本命乙酉，八月五日降诞，夙好道真，愿蒙神仙长生之法，谨依上清灵文，投刺紫盖仙洞。位忝君临，不获朝拜，谨令道士孙智凉赍信简以闻，惟金龙驿传。太岁戊寅六月戊戌朔廿七日甲子告文。"

　　自古"寿岳"二字在描写南岳的诗词文章中屡见不鲜，如唐代齐己和尚（晚年自号衡岳沙门）《回雁峰》诗："瘴雨过屏颜，危边有径盘。壮堪扶寿岳，灵合置仙坛……"皇帝岩巨石上更有宋徽宗御题"寿岳"两个大字。南岳有寿佛殿、寿涧桥、福寿寺、万寿宫、延寿村等，山中寿字石刻随处可见。

　　古代帝王及皇后，尤其皇太后做寿必会派大臣来南岳祈寿，南岳庙第六进御书楼专门收藏帝王匾额祭文等。（因后期文物被毁，加上清代以前有一百余年未修志，故太多匾额、祭文无考。）

　　"南山"之名从古至今也在南岳各处多见，如福严寺石柱古联："福严为南山第一古刹，般若是老祖不二法门。"南岳祝融峰望月台附近有一米见方大型石刻"南山"二字，还有"南山一境"石刻。清代智犁和尚在《重修广济寺记》中曰："南岳乃天下五岳之一，世称寿比南山者，即此岳也。"寿比南山一词出自《诗经·小雅》的"如月之恒，如日之升。如南山之寿，不骞不崩"。"南山"也就从此与"寿"绑在了一起。也许由于南方气候宜人，利于养生确实与寿匹配。

"朱陵"也是南岳的称呼，源于道教朱陵洞天，是道家三十六洞天之一。朱陵源自朱陵大帝，又称赤精子或赤松子，也称南岳太虚真人。朱即赤色，南岳庙后有赤帝峰，乃赤帝之陵寝，赤又是火的颜色，因此说赤帝就是炎帝，是最早的火正，祝融之名是帝喾认为当时的火正官重黎司火有功，封他为祝融，自此凡是担当过火正者前至炎帝，后至楚人先祖熊绎统称为祝融。南岳应是炎帝神农的活动场所与采药之山，故南岳水帘洞称朱陵洞天，朱陵大帝就是炎帝。这就是南岳称朱陵的来历。

南岳又称神山、灵山，其实中国的神山、灵山数不胜数。南岳只是凑个热闹。其所以神，其所以灵，都是源于无数的巧合与特殊的地理环境。如韩愈开云、朱张霁雪及三楚群黎对祖先的崇拜，对幸福的寄托，以至千余年来香火鼎盛，这足以见证神与灵的民间口碑。

南岳谓"岣嵝山"源于《山海经·中次十一经》郭璞注："衡山、南岳也，俗谓之岣嵝山。"山上有碑，字形怪异难辨，后人附会为禹治水时所刻。"岣嵝"之意即山巅。

岣嵝山之碑确实是记录大禹功绩之碑，其字有人称蝌蚪文，也有人称鸟迹书。

禹碑后被多地来此临摹翻刻，现已遍及全国，至今虽未完全准确破译，但据学者们从只言片语中推测，大致意思是禹在南方伐三苗后又安抚三苗，黎民百姓感戴其功德的记述。

第三章　南岳前世今生

"山不在高，有仙则名；水不在深，有龙则灵。"南岳是一座享誉中华五千年的文化名山，文化因名人而生，名人因山之环境优美而来。环境吸引了名人，名人装点了名山。文化是名山的灵魂，有灵魂的名山才能光辉灿烂，生命永恒！

文化就像甘甜的乳汁丰富着这位伟大的慈母，它以博大包容的胸怀接纳古往今来天南地北的游子，任其吸吮吐纳，登高望远，托物言情，发泄挥斥，壮志抒怀！

南岳衡山的山体形成约在 2500 万年的新生代第三纪之间，也有研究说形成于 1.8 亿年前的燕山运动时期，总之人类当时应该尚未出现，但相对于 46 亿年的地球，南岳应是一个年轻的新生命。而年轻就有活力，这个生命正式被涂上文化色彩的时间是在 5000 多年前的炎黄始祖时期，炎帝和黄帝在南岳衡山的活动轨迹许多古籍中都有记载，再加上那个时代是以东南西北四方为区域分职进行治理，派往南方的官员即火正，官名祝融，相传是炎帝神农氏的裔孙。黄帝时则称司徒。南宋罗泌《路史》有如下记述："祝诵氏，一曰祝和，是为祝融氏，未有嗜欲，无所造作，师于广寿，刑罚未施，而民劝化，三纲正，九畴序，是以天下洽和，万物咸遂，移风易俗，天下大治……其治百年，葬衡山之阳，是以谓祝融也。"曾有祝融者名叫吴回，乃楚国人之先祖。这些应是口口相传，南岳正式有文字记载是在五帝时期最后一位名叫舜帝的王者或部落首领，他在南巡之时留下许多胜迹，距今约 4200 年。

舜帝巡狩至南方途经南岳，据《拾遗记》载：舜帝曾于水帝洞上面的紫盖峰建"承露台"，以丹丘国所献玛瑙瓮承接甘露赏赐百官饮用。

"衡山"之名最早见于《尚书·禹贡》，称：禹导水疏河，从"岷山之阳，至于衡山。"《山海经·海内经》载："南海之内，有衡山。"并在"衡山"下注曰"南岳"。北魏晚期郦道元《水经注》在"湘水又北迳衡山县东"下有注云："山在西南，有三峰：一名紫盖峰，一名石菌峰，一名芙蓉峰。"

大禹为治理天下水患，曾在南岳杀白马祭天，现仍有

"白马峰""杀马冲"之地名，并在现在的金简峰得"金简玉书"。获知治水之策，从此百姓不再流离失所，因此，南岳现有小金简冲和大金简冲地名。大禹同时在此伐三苗又抚恤三苗，现有禹碑为证，碑上蝌蚪文又称为鸟迹书的遗迹仍在，记述了大禹治水之艰辛及抚恤三苗的民生情怀，死后深受百姓缅怀与爱戴的过程。故舜巡禹奠这一词南岳足以当之。南岳衡山从炎黄舜禹的巡狩望祀，随着人类文明进步，逐渐进入了庙享。南岳神因担纲火正一职被封为祝融，故最早在南岳山最高峰建祝融君祠。

第一节　南岳大庙

隋朝（589）隋文帝下诏南岳建祝融殿，祝融殿坐落在赤帝峰下，自北向南，面临寿涧水，喻南山之水益寿延年之意。这是南方最早的皇家庙宇。经历朝历代拓展修缮现占地 12 万平方米。从棂星门、奎星阁、正南门、碑亭、嘉应门、御书楼、圣帝殿、寝宫、北后门共九进四重院落。北后门两边有财神殿、注生殿、辖神殿、文殊殿，东边内外红墙之间建有八个道观，西边内外红墙之间建有八个佛寺，外红墙四方建有四个角楼。奎星阁两边建有钟楼和鼓楼。往前还有两个碑亭与放生池。圣帝殿由象征南岳72峰的72根数万斤重的石柱支撑起榫卯结构的重檐殿顶，梁上绘有二十四孝图、大禹治水以及《山海经》中诸多典故，北面重檐之间有泥塑悬雕三龙戏珠与两边象征赤帝与南方图腾的丹凤朝阳。圣帝殿四周围栏148根石柱雕刻着无一雷同的飞禽走兽，144块汉白玉栏板雕刻着各种动植物或人文典故。庙宇雄伟壮丽，可谓重檐叠拱，丹青晃日月之光，龙角云楣，金碧混烟霞之色。圣帝殿供奉着祝融神，两边六部尚书，靠前左右站立高大威猛的金吴二将。南岳圣帝五受皇封为华夏民族永远祭祀的人文始祖。

第二节　南岳圣帝祝融

南岳庙自古以来供奉着祝融神像，祝融是谁？传说众多，是炎帝，是容光，是重黎，是吴回，是楚人祖先，是官位，是职位，是夏官，是火神？应该都对。（也有传说炎帝祝融容光和黄帝祝融重黎是不同的两个人。）

祝融的职责是什么？是镇守南方和代表国家祭祀一方

天地，是施火教化光融天下，还是观察大火星（商朝称商星）变化、指导农耕，亦是掌管军权、护国安邦？也都对。

祝融二字到底是什么意思？"祝"在古代指男巫，或祈求祷告护佑一方的代表人物。故祝融氏又有祝诵、祝和之名，有夏官、火正之称。融是光明之意。祝融二字是祈求光明美好幸福之意。南方夏天天气炎热，以五季五行相配，属火，故有光明之谓。

祝融二字的来历是五帝（黄帝、颛顼、帝喾、唐尧、虞舜）中的帝喾认为其属下重黎担任火正一职有功给他的一个封赐，从此以后担任火正一职的人从重黎直至其后辈数代包括楚人的直接祖先，春秋时楚国的开创之君熊绎都有祝融之称。

管火者并不起于重黎，也不止于重黎。最早懂得用火及管火司火的是炎帝,传他有九代后人都行使过这一职能。故将祝融之名也追溯到了炎帝，将两个火字重叠更是对他的肯定，火为红色，与朱、赤、丹近义，故他又称朱帝和赤帝。

炎帝神农氏是位于羲皇、燧皇之后的三皇之一，姬姓，是中国教育的始祖，教民制陶、绘画，使用弓箭、猎兽，发明音乐、舞蹈。

炎帝神农氏是农耕文明的创造者，他见鸟儿含种发明了五谷耕种，是中华民族医药鼻祖，有神农尝百草日中七十二毒用茶叶解之的说法，故炎帝又是茶祖。

炎帝的出生地说法众多，有陕西宝鸡说，湖南会同县连山说，湖南株洲炎陵说，湖北随州说，山西高平说，河南柘城说。

根据炎帝的活动轨迹他应该出生在南方，因为南方人的粮食主要是稻米，北方以小麦为主粮。尤其湖南境内更为可信，因其建都在长沙，他儿子子柱在耒阳发明耒耜实施农耕，在郴州种植五谷，后人为纪念他将其地称之为嘉禾。要大臣未龚氏创造杵臼舂制谷壳，命赤松氏为丙师，作《燧书》，教化百姓制作熟食，用岐伯氏作《本草经》，教民医药。衡阳衡山地区到处建有神农庙、先农殿，衡山至今有先农地名。炎帝还常在南岳衡山采药，最后因错服断肠草而死，传葬南岳祝融峰之南，因此南岳庙后有赤帝峰，水帘洞称朱陵洞天。

无论祝融是炎帝或是楚国祖先吴回，都是中华民族的人文始祖，南岳是江南唯一的方岳标志，也是中华民族古代的疆域象征，是古代帝王巡狩祭祀的图腾之山。山以人而名，从古至今南岳是楚国先民乃至中华民族祖祖辈辈的祭祀之山，祝融是被祭祀之神。

第三节 祭 祀

南岳庙祭祀的神曰："南岳圣帝"，《六韬》载，南岳神号祝融氏，但道教典籍所载不一。

南岳被祭祀的年代久远，从尧、舜帝开始即有记载，但古代祭祀多为"柴·望"（"柴"以柴之火光告知神灵，"望"则朝着神灵的方向遥望拜祭）。随着文明更替，经济条件不断改善，从隋代开始进入"庙享"。

早在唐虞三代，《竹书纪年》尧登基第五年巡狩南岳。《尚书·虞书》载："舜帝五月南巡狩，至于南岳，如岱礼。"且与泰山同等规格。夏禹杀白马之祭后直至商朝皆无记载，延至周朝，《周礼》载："十有二年一巡狩，五月至于南岳，如东巡狩之礼。"同时规定天子祭天下名山大川，"五岳视三公，四渎视诸侯"，其意是五岳如同辅佐君主的重臣三公一样，是朝廷最大的官。周朝谓太师、太傅、太保；汉则是大司马、大司徒、大司空。很多朝代各自称谓不同。尧舜时东、南、西、北四岳的四方首领握有很大的权力，除辅佐君王治理天下外，还具有推举决定王位继承人的权力。尧帝时四方部落的首领即称"岳"，将东、南、西、北四方官吏与四岳相统一，如南岳就是分管南方的官员。

四渎即：江、河、淮、济。其义理同上。

楚国时期虽无记载但应有南岳祭祀之礼，因楚悼王（前401—381）起南岳衡山已属楚国版图。秦始皇曾亲赴祭奠南岳，因风雨大作至洞庭而返。汉武帝时期因南岳遥远，则以黄帝曾将安徽霍山作为衡山之副，所以将南方祭祀改至安徽霍山，此后历三国、晋、南北朝皆如此。但南岳依作"遥祭"之列，史称"望祭"。《隋书·礼仪志》中，因隋朝又一统中华，版图扩大，疆域标志也随之拓宽，"仍以衡山为南岳"。由唐至宋、南岳祭祀达到巅峰。《唐书》载："武德贞观之制，五岳四镇，年别一祭，名叫五郊迎气日祭之。"所谓"气"是节气，如立春祭青帝，指东方；立夏祭赤帝，指南方；立秋祭白帝，指西方；立冬日祭黑帝，指北方。于立秋前十八日祭黄帝，指四方之中。

东南西北中五方即五郊之谓。

南岳衡山祭于衡州，其牲皆用太牢，即牛及羊、豕三牲齐备。若是少牢则只用羊、豕，祀官有时以当界都督刺史充，相当于中央之下一级的军事首长或行政长官。

"玄宗开元二十五年，敕以三时不害，百谷用成，遣尚书左丞相裴辉卿等分祭五岳。"在此期间南岳九真观著名道士司马承祯奏请朝廷：认为五岳乃山川之神，并非道教上真之仙，道教则以斋素奉神，与岳神血食相反，故朝廷准奏，在五岳各建真君祠与岳神分祭。

唐代"天宝元年，以西成颇熟，令光禄卿嗣郑、王希言等分祭五岳。"此后历玄宗、德宗、中宗、宪宗共遣使八次祭南岳，玄宗诏封南岳为"司天王"。

宋代，太祖赵匡胤平定湖南后则命给事中李昉祭南岳，后历诸帝共祭南岳十三次。祥符四年，敕封南岳为"司天昭圣帝"。绍兴年间对祭品、职司、时间、仪注、乐曲均有具体规定。《南岳总胜集》载，"岳庙惟立夏节谓之大祭，前期收购物料，制造御衣、幞头。至祭日，内降御名祝板。本州委通判或以次官充初献官。知县、丞、簿，本庙官摄亚献、终献，太祝奉礼，祭前一日，献官毕集，点馔讫，次诣蕃禧殿更换幞头，两宫搭架御衣。次日五更三点，献官、诸执事人毕集致祭，陈玉帛、献玉圭、读祝、献《迎帝曲》：'五福降中央'（词牌名）。"三献《苏合香》《黄帝盐》《四朵子》，焚钱帛，奏《引架行》五曲，其乐源自唐开元时之乐。唯岳下衡山县乐工能之，宣和元年曾赏赐大晟乐。何为《黄帝盐》？其实是唐代杖鼓曲，类似现代的进行曲。《苏合香》原为唐代软舞曲，二者皆为南宋时的献神舞曲。

进入元朝时南岳祭祀仍沿袭旧制，自元世祖至元十四年开始，历成宗、英宗、文宗、顺宗共遣使祭南岳十五次，至正二十八年诏封南岳为"司天大化昭圣帝"。

明太祖朱元璋统一天下后，则认为人间帝王无权赐神灵封号，乃改称"南岳圣帝"为"南岳衡山之神"。洪武三年，遣尚宝司大使胡铉致祭南岳，其《祝文》曰："衡山之为岳，磅礴中国之南，参穹灵秀，生同天地，形势巍然。"古时帝王，观天时，察地利，以安生民，祝曰："衡山之神，于敬则诚，于礼则宜。自唐始，加封号，历代相因。曩者，元君失驭，海内鼎沸，生民涂炭。予起布衣，承上天后土之命，百神荫佑。削平暴乱，正位称尊。我当奉天地享鬼神以依时统一人民，法当式古。今寰宇既清，特修祀仪。因神有历代之封号，予起寒微，祥之再三，畏不敢效。盖神与穹壤同始，灵镇南方，不知岁月几何？神之所以灵，人莫能测其职，必受命于上天后土，为人君者，何敢预焉？予惧不敢加号，乃以南岳之神名其山，依时祀神，惟神鉴之。"

自此以后，历明成宗、明宣宗、明真宗、明景宗、明英宗、明宪宗、明孝宗、明武宗、明世宗、明神宗、明穆宗、明熹宗共遣使祭南岳三十一次。

到了清代，朝廷规定逢国家有大的庆典之时，遣官致祭方岳，预期由礼部疏列文职二品以下、四品以上官衔名，候旨分遣承祭。届时派遣官员奉皇帝亲自审定的祝文和香帛赍往致祭，又规定"省直岳镇海渎所在，岁春秋仲月，守土正官一人，诣庙致祭"。同时对祭祀礼仪、祭品等也都有详细规定。顺治八年（1651）由遣官侍读学士白允谦祭南岳，此后历康熙、雍正、乾隆、嘉庆、道光、咸丰、同治、光绪帝共遣使祭南岳四十次。同时每逢皇帝、太后、皇后寿诞亦于南岳建醮，祈求福寿，并撰具建醮榜文。

至民国时期，由衡山县行政长官知事（县长）邀镇内绅士、贤达每年春秋两季祭祀，礼仪比清代前有所省略，由国家元首祭岳仅民国二十六年（1937）国民政府主席蒋介石偕夫人宋美龄亲自祭告南岳之神，祝文由湖南省南岳图书馆馆长康和声撰："惟神专柄，作镇炎方，始舜南巡，民主运昌，天下为公，大道康庄，越四千年，总理继光，中正不才，承乏中央，恭偕僚属，言巡三湘，洁诚谒岳，礼荐馨香，云开九面，国泰民康。"陪同祭祀者还有执委李宗黄、十八军军长陈诚、二十八军军长刘建绪、第四路军总指挥部参谋长刘膺古、师长王东原、陈光中、厅长曹伯闻等。

中华人民共和国成立后至改革开放前政府再无公祭，直至1999年6月11日（农历四月二十八）南岳圣帝生辰，南岳区人民政府在祝融殿首次公祭祝融神，主祭是南岳区人民政府区长刘运发、尹日红副区长陪祭。区文化文物宗教局旷顺年参祭。仪式程序有：鸣炮奏乐、三上香、三献爵、献馔、献刚鬣、献少牢、献尾、献翰音、献粢盛，恭读祝文，行鞠躬礼。

2000年8月23日衡阳市政府祭祝融，副市长王雄飞代表全市人民特具香花时蔬，敬告中华人文祖先祝融氏神位前："惟我祝融，以火德王，居离司夏，作镇南方。护国佑民，恩泽八荒。欣逢盛世，国运隆昌。寿文化节，再铸辉煌，万国来朝，溥海齐仰。圣恩浩荡，圣德昭彰，千秋俎豆，万古馨香，尚飨。"

2000年10月7日南岳区人民政府区长刘运发祭南岳圣帝祝融神。

2000年10月7日南岳区文化文物宗教局旷顺年代表文化文物界祭南岳圣帝祝融神，追慕先人之功德。

省内外民众的祭祀活动非常频繁活跃，特别是在每年农历七八月形成高潮，人山人海，并用猪、羊、鸡等三牲，有乐队，有《祝文》（民间称之为章），实际是向神灵的奏章，祈求风调雨顺、五谷丰登、百姓安康。念祝文时信众集体跪拜，人数多的团队达数百人之多，祝文以古代词曲的形式念颂,在乐队的伴奏下信众由司仪主导举行仪式,有的多达几日。

随着信众的纷至沓来，到处堵街塞巷，各种商贾云集，杂要应运而生，士农工商无所不有，这种现象是一种久远的流传，起自何年？无从考证。热闹的场面在一些古诗词中多有见证，尤其每年农历五月还有抬天符老爷、游五街四乡、打醮面、抬地故事、祈求消灾免难。这个活动之后就是赶八月，民间有一句顺口溜："南岳人不种田，赶届八月吃三年。"

但在解放后有一种现象消失了，就是附近几个省的各种戏班到南岳许戏，有的许一周或半个月，最长的许一个月，祈求菩萨保佑他一年生意兴隆。庙里管饭，看戏免费，信士与当地百姓蜂拥而至，同时也带发了许多当地爱好者成为戏迷，当地许多人学会了吹拉弹唱，连有些卖柴的樵夫早上把柴卖了就买几个包子或油饼边吃边看戏，看到兴起时不谢幕不走。唱得精彩时有钱人就往台上抛银圆，唱得不好就往台上抛烂草鞋。

祭祀也随着农村的互助组、初级社、高级社、人民公社、城镇公私合营，商业下乡等活动在解放后两三年逐渐减少，人民公社之后人员不能流动外出，祭祀活动就完全消失了。

直至1981年改革开放之后，老百姓恢复了赶集，物资可以交流，人民生活水平逐步提高，南岳大庙又迎来了生机，湖南、江西、湖北等省一些地区又开始信众云集，有的以大队为单位，也有以公社为单位，用能坐80余人的黄河牌大客车一次就 10 余台蜂拥而至，抬三牲、扛大旗、锣鼓乐队、拜章祷告、日夜喧嚣。街满巷塞，热闹非凡。

1984 年 8 月南岳区委、区政府正式成立，逐步落实党的宗教政策，部分机关单位逐渐迁出寺庙，房屋仍归属佛道教使用，佛教道教协会先后相继恢复和成立。

1985 年 9 月南岳区政府组织了新中国成立以来的首届庙会，历时 20 余天，参加庙会的游客、香客、客商达 10 余万人次。

自此以后逐年都开展了一些大型活动，有祭祀，有商贸。

进入 20 世纪 90 年代后又开始在全国各地提出反迷信活动，较大团队组织的祭祀活动开始逐渐减少，乐队与三牲的祭祀也逐渐消失，在民间对佛教与道教的信仰由于宣传的作用逐渐抬头，现在信众的概念也在逐渐模糊，很多人来南岳是拜南岳圣帝，还是拜道教真君，抑或是佛教西方三圣？尚不明了。

其实南岳供奉的是最原始的南方部落首领，就是分管南方事务的官员祝融，根据《周礼》"五岳视三公"的依据，"岳"其实也是官，南岳就是分管南方事务的官，与祝融一词相通，祝指男巫，融即光明，南方居夏位属火，即光明之位，故谓祝融。曾有一任祝融者本名叫吴回，是楚国人公认的祖先，又传曾有祝融死后葬祝融峰之南，故该峰名曰赤帝峰，在南岳庙后。总的来说祝融不论其是官名或人名，但他是中华民族的人文始祖之一，民族图腾，先人的灵魂载体。祭拜先祖是一种人文情怀，对贤人功勋的纪念、敬畏与寄托！《史记·礼书》中说："天地者，生之本也；先祖者，类之本也。"祭祖的重要性仅次于祭天地，天地予人有覆载之德，先祖予人有养育之恩。报本答恩是尽孝之举，正如《礼记·坊记》说"修宗庙，敬祀事，教民追孝也"。

随着社会生产力的发展，祭祖的内涵逐渐演变为纪念先祖的品格和丰功伟绩，成为圣贤崇拜的文化价值理想。荀子曰："下以教诲子弟，上以事祖考。"《论语》讲："孝悌也者，其为仁之本与。"仁爱、仁孝都是尽做人之本分，不忘先祖之功德，才能修为自己之身心，以身垂范教诲后人，世代相传，德孝为本，才能使中华民族繁衍昌盛，这是中国传统文化，传承祭祀功莫大焉！

第四节　人　文

南岳人文始于炎、黄、祝融、尧、舜、禹，但正式有文字记载的是五帝中的舜帝时期。

舜帝，姚姓，一作妫姓，名重华，出身有虞氏（山西运城），故又称虞舜。传说是颛顼帝的后代、黄帝的八世孙、尧帝的女婿，是一代明君，后人称开明盛世均以尧舜并称。舜曾用夏侯首领禹负责治水，商族首领契负责教化，周族首领弃负责农桑，东夷族首领皋陶负责刑罚。都是当时的能人，把国家治理得有条不紊，这些家庭后世子孙也很发达。

史书说"天下明德皆自虞舜帝始"，是他开创了德治的文明时代，与炎帝的农耕文化、黄帝的政体文化构成了中华远古文化的三座丰碑。

舜帝曾于四千多年前的五月南巡到南岳衡山，途经现在南岳镇金月、兴隆村，并种下大片香樟，至今有"舜樟"的碑刻，后人为了纪念他曾建有舜庙，将他住过的洞称舜洞，喝过水的井称舜井，金月、兴隆的溪称舜溪。

唐代杜甫《望岳》诗中："巡守何寂寥，有虞今则亡。"诗人朱庆余亦曾留诗南岳："碧甃磷磷不记年，青萝锁在小山颠，向来下视千山水，疑是苍梧万里天。"言说的都是舜帝到南岳的故事。

大禹治水曾来南岳衡山杀白马祭天，在金简峰获金简玉书，传说是黄帝南巡时留下的治水之策。

东周灵王时（前 571—前 543）在南岳祝融峰顶建祝融庙，祝融冢后因山洪暴发崩裂而毁。

东汉末期巴蜀汉中五斗米道创始人张道陵从浙江天目山来南岳，谒青玉坛、光天坛，礼祝融君祠。

晋代皮元曜、王谷神居南岳云龙峰栖真观金母殿修道，晋武帝司马炎封皮元曜为太素先生，王谷神为太微先生。

西晋陆机有诗《咏南岳》："南衡维岳，峻极昊苍，瞻彼江湘，惟水泱泱……"

南北朝谢灵运留诗《咏岩下翁》讲衡山偶遇，"衡山采药人，路迷粮亦绝。偶息岩下坐，正见相对说。一老四五少，仙隐不可别。其书非世教，其人必贤哲。"

南北朝时著名道教宗师葛洪堂孙葛巢甫的弟子刘宋道士徐灵期隐居南岳上清宫修道十五年，并著《衡山记》，称："衡山者，五岳之南岳也，名朱陵太虚之天，踞离宫之乡。赤帝馆其巅，祝融宅其阳，故名南岳。"又云，"衡山盘绕八百里，上如车盖及衡轭之形，高四千一百丈，山有七十二峰，回雁为首，岳麓为足，而潇湘流其右，沅澧绕其左。"首次提出七十二峰之说及首尾峰之名。

梁武帝天监二年（503），惠海和尚来南岳建方广寺。

陈废帝（临海王）光大元年（567），慧思和尚率弟子40余人自荆州来南岳，创建了般若寺（今福严寺）、小般若寺（今藏经殿），世称南岳大师，其弟子智顗创天台宗，尊慧思为二祖。

隋朝（589）诏定南岳衡山祝融殿为南方祭祀之地，同时于赤帝峰麓新建南岳神祠（即今南岳庙）。

隋炀帝大业八年（612）命道士蔡法涛、李德超至衡岳观焚烧，兴行教法，并将衡州库部分田畴什物赠道观使用，隋炀帝并敕建上封寺。

唐太宗贞观二年（628），李世民为南岳衡岳观亲书观额，并令道士张慧朗等49人，为国焚烧。

唐高宗弘道元年（683），李治命道士叶法善封岳，辟四十里充宫观长生之地，禁樵采、断畋猎、罢献课，以为常典。

唐玄宗先天二年（713），禅宗怀让和尚自韶州（今广东韶关）来南岳，辟般若寺为道场，弘扬南禅教义，法嗣大盛，门下马祖第三代传人创立了临济宗和沩仰宗。青原行思门下第四代五代传人创立了曹洞、法眼、云门三宗。这些派系虽远离南岳，时间久远，但根系在南岳，后人尊称为"五叶流芳"。

唐玄宗开元初，河内道士司马承祯，自海上乘桴辗转来南岳，结庐九真观北，后被召入宫，赠光禄大夫，号贞一先生，开元二十三年仙去后九真观更名降真观，皇帝御书观额。唐天宝初，玄宗命衡州铸铜钟一口，重四千斤，命大将军高力士监制赐降真观。

唐肃宗至德二年（757），谋臣李泌畏祸奏请隐居南岳衡山，御赐三品俸禄及隐士服，筑室烟霞峰下，赐名"端居室"。隐居十二年，拜名道张太虚学道教秘文，与佛教律宗传人希操交好，与佛教北禅神秀门下名僧明瓒往来密切，明瓒又称懒残和尚。李泌是中国较早融儒、释、道三家文化于一炉的高人，在南岳著有《养和篇》《明心论》。

唐肃宗时李白游南岳留诗五首，《游南岳过汉阳别浮屠谈皓》《方广寺》《送长沙陈太守》《江上送女道士褚三清游南岳》《送陈郎将归衡岳》。在最后一首诗中，李白用夸张的手法写了南岳之高："衡山苍苍入紫冥，下看南极老人星，回飚吹散五峰雪，往往飞花落洞庭……"

唐代宗大历四年（769）杜甫流寓湖南，道经衡山，作《望岳诗》，首句直点南岳："南岳配朱鸟，秩礼自百王，欻吸领地灵，鸿洞半炎方……"还有《游衡岳访己上人茅斋》："巳公茅屋下，可以赋新诗……"《过南岳入洞庭湖》："洪波忽争道，岸转异江湖……"共九首。

唐顺宗永贞元年（805），韩愈因贬岑南阳山被赦，改任江陵户曹参军，道经衡山谒南岳庙，作诗六首《望日台》《岣嵝山》《合江亭》《别盈上人》《谒衡岳庙遂宿岳寺题门楼》。

"五岳祭秩皆三公，四方环镇嵩当中，火维地荒足妖怪，天假神柄专其雄……喷云泄雾藏半腹，虽有绝顶谁能穷？我来正逢秋雨节，阴气晦昧无清风。潜心默祷若有应，岂非正直能感通！须臾静扫众峰出，仰见突兀撑青空。紫盖连延接天柱，石廪腾掷堆祝融。森然魄动下马拜，松柏一径趋灵宫……"一拜有灵，次日久雨阴气晦昧的南岳山果然云开日出，为中华文化增添一个"韩愈开云"的典故。

唐宪宗元和十年（815），刘禹锡因玄都观的题诗触犯了执掌朝政的新权贵，被发落至连州（今广州连州市）任刺史，赴任途中，经南岳衡山，被其高峻雄伟的气势所触动，遂有感而发创作了《望衡山》一诗："东南倚盖卑，维岳资柱石。前当祝融居，上拂朱鸟翮……"

唐宪宗元和五年至穆宗长庆四年（810－824）隋州刺史李繁为纪念其父李泌在南岳建邺侯书院，为中国历史上最早的书院之一。

宋真宗大中祥符四年（1011）二月，真宗加封南岳神为司天昭圣帝，十二月封南岳神夫人为景明后。工部侍郎薛应，给事中钱惟赉赠南岳玉册及衮冕。

南宋高宗绍兴三年（1133）理学传人程颢、程颐门下谢良佐、杨时的学生胡安国，福建武夷山人，因就职于湖北荆州，后因故辞官被湘潭人接到湖南，又从湘潭迁居南岳，并于紫云峰下筑室讲学，其子胡寅、胡宁、胡宏皆以理学而名，为别于福建杨时门下罗从彦、李侗、朱熹的闽学派故谓湖湘学派，即后来的湖湘文化名称之由来。胡安国是北宋著名经学家，也是理学在湖南的传承与发展者。

他一生提倡修身为学，主张经世致用、重教化、讲名节、轻利禄、憎邪恶，胡安国给南岳留下了影响整个湖南，乃至全国的思想文脉，其子胡宏曾向朝廷上万言书，陈王道之本，明仁义之方。秦桧示意许以厚禄，但他回信："某志学以来，所不愿也。至于杰然自立志气，充塞乎天地，临大事而不可夺，有道德足以替时，有事业足以拨乱，进退自得，风不能靡，波不能流，身虽死矣，而凛凛然长有生气如在人间者，是真可谓大丈夫。"

胡宏门下学生众多，有赵棠、向浯、赵师孟、吴翌、彪居正、胡大时、胡大本、胡大原，最著名的是当时南宋宰相张浚之子张栻，远道来南岳拜师，后来他在当时的潭州（今长沙）妙高峰筑城南书院（今湖南第一师范旧址）讲学，后又被朝廷安抚使刘珙请至岳麓书院讲学，终其一生反对功名利禄之学，认为读书的目的是匡时济世，为民说话，他在《岳麓书院记》碑中说："但为决科利禄计乎？亦岂使子习为言语文辞之工而已乎？盖欲成就人才，以传道而济斯民也。惟民之生，厥有常性，而不能以自达，故有赖圣贤者也。"张栻认为教学育人不是为科举功名，不为做文字功夫，而是为匡时救世，为百姓说话，这是读书人的职责，也是中国儒家文化一贯倡导的修身、齐家、治国、平天下。自此以后湖南人才辈出，独领乾坤。王船山、陶澍、曾国藩、魏源、郭嵩焘、胡林翼、左宗棠、彭玉麟、谭嗣同、黄兴、蔡锷、毛泽东、蔡和森等都就读于岳麓、城南两书院。他们使中国民众从思想上开始觉醒。至晚清中兴，维新变法、辛亥革命、新民主主义革命风起云涌，终于唤起一个崭新的中华民族！

张栻的理学思想主张的是"知行并发"，朱熹三次拜访张栻，他的先知后行最后折服于张栻，在两人相约畅游南岳的前夜朱熹赋诗感叹："月色三秋白，湖光四面平，与君凌倒景，上下极空明。"

朱熹与张栻南岳之行七日，踏遍了不少峰头，连鹅毛大雪都为其屈服停歇，"朱张雾雪"成为美谈，相互和诗149首，有《南岳唱酬集》传世。

朱熹曾于宋高宗绍兴二十八年（1158），孝宗隆兴元年（1163），孝宗乾道三年（1167）三次遥领南岳庙监，在宋贞宗绍熙四年（1193）以潭州知府衔发布保护南岳山林榜，也是南岳植被保护有史载的第一张官方文告。

宋宁宗嘉定五年（1212），四川何贤良游南岳访禹碑，遇樵夫引路，他将碑文拓下翻刻于岳麓书院巨石之上，共77字，从此天下人多知南岳有禹碑一事。

宋理宗宝庆元年（1225），中运使张嗣可将李泌儿子李繁原建的南岳书院迁徙到集贤峰下。从此至明代书院蜂起，嘉靖二十三年（1544）湛若水建白沙书院，纪念其老师心学大家陈白沙（陈献章），又有邹东廓建东廓书院，请其老师王阳明讲致良知。明朝嘉靖年间，宰相张居正以及理学家胡直、心学派刘稳、刘应峰、罗汝南、姜宝、蔡国珍、耿定向、耿定理、周来苏、王托、欧阳昌、周圣宣、邹善同来南岳讲心性之学，借高台寺西楼结社，名曰"衡庐心缔"。

南岳当地心学传人康元积曾向朝廷上"保泰疏"，深切时政。后人称康保泰。其师王宗沐即王阳明的学生，康保泰为其老师在紫云峰下建麓定居，岳庙后建会灵精舍讲心学。

南岳名道名僧层出不穷，奇人怪人屡见不鲜，明末法智禅师，号曰破门，一个"破"字寄托无限哀思，听闻曾与大错僧三日相对无语，相向而泣，痛惜明朝灭亡，故国情怀唯有泪，一腔悲愤尽在诗："半个篱笆关破月，一间茅屋养痴僧，寄声世上奇男子，似我山中也未能？""破门破钵破砂锅，住在溪边煮月多……"

南岳自唐代宰相李泌儿子李繁的南岳书院之后，接着有明道山房、韦宙书院，宰相卢潘的卢潘书院，至宋明还有南轩书院、清献书院、赵季西书院、郉侯书院、文定书院、白沙书院、东廓书院、甘泉书院、集贤书院、景行书院等18所之多，曾国藩在写《重修胡文定公书院记》中说："天下书院楚为盛，楚之书院衡为盛。"

明思宗崇祯十年（1637）一月，旅行家、地理学家徐霞客来南岳进行了地理考察，他于二十一日自攸县抵衡山县城到南岳古镇，二十二日登山，在上封寺停留三天，二十六日游观音岩，再上祝融峰，转入福严寺，二十七日游华盖峰、莲花峰，二十八日从方广寺越马迹桥去衡阳，留下5000字的考察日记存留至今。

明崇祯十六年（1643），张献忠进军衡阳，王夫之避难来南岳，曾作《癸未匿岳》一诗。王夫之字而农，号南岳遗民，一瓢道人，船山病叟，与黄宗羲、顾炎武、唐甄并称明末清初四大启蒙思想家，也是著名经学家、史学家、文学家。次年复来南岳，有《甲申重游》一诗，又次年即清世祖顺治五年（1648）在莲花峰与夏汝弼、管嗣裘举兵抗清失败，流亡多处。顺治十三年（1656），王夫之作诗《重返双髻峰》，即当今南岳拜殿村，并筑续梦庵著书立说，一生著作等身，如《周易外传》《周易内传》《黄书》《尚书引义》《永历实录》《春秋世论》《噩梦》《读通鉴论》《宋论》。

王夫之有一副著名的堂联"六经责我开生面，七尺从天乞活埋"。他对前人学者关于六经的理解阐述了许多不同的见解。他从宋明理学与阳明心学的"先知后行""知行并发""知行合一"的客观唯心论与主观唯心论中走出来，提出了自己独到的先行后知的见解，形成了辩证唯物的观念。对朱熹的"存天理、灭人欲"提出了反禁欲主义的意见，提倡均天下，反专制的民主思想，认为平天下就是均天下，要求"宽以养民、严以治吏"，与顾炎武的"善为国者、藏之于民"的利国富民思想及黄宗羲的"均田""齐税"及"天下乃万人之天下、非一人之天下"，主张以"天下之法"取代"一家之法"，"有法治而后治人"的民主思想完全相同，这在明末清初的社会引起了巨大的震动。

戊戌变法六君子的谭嗣同先生曾登上南岳祝融峰慷慨

高歌："身高殊不觉，四顾乃无峰。但有浮云渡，时时一荡胸。地沉星尽灭，天跃日初熔。半勺洞庭水，秋寒欲起龙。"诗中已完全彰显了他维新变法的决心与抱负。

光绪二十五年（1899），衡山向道隆等联合南岳印心和尚在上封寺举行反清起义，失败殉难。辛亥革命胜利后，国民政府追谥向道隆为大汉右将军，黄兴作诗悼念。

光绪二十九年（1903），日本僧人水野梅晓（六休上人）自称为唐代高僧希迁的第四十二代法孙来南岳南台寺礼祖，恰逢淡云、妙见师徒重修南台寺，梅晓许赠《大藏经》，四年后践约送来铁版眼《大藏经》一部共 276 函 5700 卷，著名学者王闿运撰《日本僧赠南台寺藏经记》。

光绪三十三年（1907），基督教传入南岳，租赁南岳盲人公会公房为教堂。1920 年于南岳白龙潭建圣经学校。1922 年在南岳东街建教堂。

辛亥革命后，民国元年南岳将文定、甘泉、景行三所书院改为公办学校。

1927 年，毛泽东在衡山考察农民运动，听取陈新宪汇报南岳的情况，特别就如何对待寺庙问题进行了指导。2 月南岳女界联合会成立，同时成立了衡山县共青团第六支部。6 月武汉国民政府第 35 军第二营占领衡山，捣毁了县农会与总工会、中共组织及共青团、妇女组织停止了活动。

民国二十年（1931），国民党海陆空军副总司令张学良游南岳，同行有国民党元老吴雅晖、北京大学校长胡适、教授蒋梦麟、清华大学校长梅贻琦、国民政府资源委员会委员长翁文灏、处长刘廷芳、大学教授钱昌照等。

次年南岳在当时省政府的支持下以南岳书院原址建南岳图书馆（1948 年改中正图书馆，藏书 40 万册）。

1932 年，蒋介石夫人宋美龄由何键陪同首次游览南岳，蒋介石此后来南岳召开过数次军事会议。

1937 年，国民党政界、军界大佬多往来于南岳，国民政府主席林森、军事委员会参谋长程潜、湖南省政府主席何键纷至沓来，5 月蒋介石召集一批将领举行南岳会议。

1938 年 8 月，北大、清华、南开三所学校在长沙组成临时大学，其文学院迁至白龙潭的圣经学院，以闻一多为首的当时中国文化名流荟萃，让南岳蓬荜生辉。11 月，其转迁昆明。

中国当代著名画家张大千曾游南岳衡山赋诗曰："竹

杖穿云蜡屐轻，南风扶我趁新晴。上方钟磬松杉合，绝顶晨昏日月明。中岁渐知输道路，十年何处问升平？高僧识得真形未，破碎河山画不成。"

同年共产党的组织恢复活动，建立了中共南岳支部，后建南岳区委，复改衡山县委。

1938年11月9日，日本出动9架飞机，南岳大庙正南门被炸，南岳死伤多人。

1939年1月在中国共产党的建议下，国民政府军事委员会在南岳举办游击干训班，蒋介石兼主任，白崇禧、陈诚兼副主任，汤恩伯任教育长，叶剑英任副教育长，第一期于2月23日开学，1500人参加。2月10日叶剑英率中共顾问团30余人进入游击干训班工作，顾问团中有李涛、边章武、薛子正、吴奚如、李伯崇等5人被委任为教官，另有工作人员胡志明（后来任越南民主共和国主席）、江竹筠、刘澄清等。4月18日中共中央南方局书记周恩来以国民政府军委政治部副部长身份视察游击干训班，并作演讲。同时广泛接触各界人士，并为祝圣寺僧人书写了"上马杀贼、下马学佛"的题词，在南岳各界爱国人士中引起了强烈反响。5月7日，以宝生、巨赞、演文法师为首，在祝圣寺召开"南岳佛道救难协会"成立大会，南岳游干班副教育长叶剑英、政治部主任陈烈应邀莅临大会，叶剑英作《普度众生要向艰难的现实敲门》的演讲。5月8日，南岳70多名青年僧道集中在祝圣寺接受战地知识训练，后组成两个服务团，分赴衡阳、湘潭、长沙等地开展抗日救亡宣传及战地救护活动，还组织了难民救助诊所为逃难者看病施药。

1940年南岳忠烈祠破土动工，动念于将民族忠魂与名山共永。

日本倭寇于1931年发动九一八事变，导致1932年东北全境沦陷，复又于1937年7月7日制造卢沟桥事变，由此掀起日本侵华战争，同年7月29日起至12月13日北平、天津、石家庄、安阳、上海、南京相继沦陷。1938年开封、武汉、广州沦陷。1939年汕头、海南、南宁又沦陷。

1939年秋日寇出动十万军队分几路进攻长沙，不料湖南省政府主席兼国民党十九集团军司令薛岳早有准备，运用"诱敌深入"战术使倭奴抛下四万多具尸体仓皇而逃，但回顾自己军队死伤官兵更多。薛岳将军痛心之余想选址建祠安抚亡魂，告慰英灵，在当时湖南参议会议长衡山籍人士赵恒惕的支持下选择了南岳香炉峰下罗家湾作为建忠烈祠的地址。忠烈祠占地 230 余亩，坐北朝南，距南岳城区 4 公里，东线登山公路经过正面牌坊。

祠宇共五进，依次是三孔牌坊、七·七纪念塔、纪念堂、纪念亭、享堂，建筑风格近似南京中山陵，木石结构，碧瓦红椽，飞檐翘角，祠宇四周青松翠柏之间葬有抗日阵亡或战前病故的国民党将领郑作民、孙明瑾、赵诏宗、胡鹤云、罗启疆、陈烈浩、章亮基、陈炳炽、伍仲衡等及国民党 74 军、60 师、140 师 3 座集体墓葬。真可谓如 60 师墓葬联："集百千骸以茔封，一寸山河、一腔血泪；振亿万年之国运，永怀壮烈，永奠精忠。"

1943 年 4 月 29 日忠烈祠竣工，薛岳将军及国民党政要举行了浩大而又庄严肃穆的祭奠仪式。

1944 年 10 月，侵华日军第十一军司令冈村宁次由汉口到衡阳，当晚抵达南岳白龙潭迎宾馆的战斗指挥所，并就任第六方面军司令官，召集广西几个兵团长开会，11 月 11 日日本天皇诏书任冈村宁次为中国派遣军总司令官，25 日离开南岳去武汉就任新职。同月日本宪兵队一曹长被南岳游击队杀害，日军为报仇将南岳 5 名平民杀害，后又发现 10 余具尸体，并掳去 200 余人作挑夫。

12 月 4 日，日本侵略军初任第六方面军司令官冈部直三郎到南岳任职，并捣毁南岳省立农专全部校舍及南岳图书馆与岳云中学部分房屋。

1946 年，国民党湖南省政府举行分区行政会议，会上通过"建设南岳文化区规划为国家公园"的决议。

1949 年 10 月 7 日下午以高怀亨、刘东安为首的衡山县第六区人民政府宣告成立。1950 年，南岳中正图书馆恢复南岳图书馆原名（1952 年改南岳古典书库，1956 年图书运往湖南图书馆，南岳馆被撤销）。1951 年，湖南省人民政府决定撤销南岳管理局，建立南岳特别区，隶属省民政厅领导。次年 7 月又撤销，再建南岳管理局。

1953 年，忠烈祠的碑刻被视为反动遗迹被凿毁。

1956 年，南岳管理局开始隶属省人委会办公厅管理。

1958 年，各地敲锣打鼓成立人民公社，开展总路线"大跃进"活动。

1965 年，中共中央办公厅主任、公安部副部长、8341部队政治委员汪东兴、湖南省委书记处书记兼湘潭地委书记华国锋来南岳勘察路线，为毛泽东南下作准备，最后未成行。

1966 年南岳忠烈祠再一次遭严重破坏，祠周围墓葬被挖开、毁没，1968 年后混乱局面在国务院的强行干预下有所好转。

1982 年南岳管理局升格为县级单位，隶属湖南省人民政府办公厅管辖。

1983 年南岳忠烈祠被列为省重点文物保护单位，并逐渐开始维修。

1984 年 5 月省政府决定设立南岳区县级机构，中共中央总书记胡耀邦来南岳视察，并瞻仰了南岳忠烈祠。陪同的有建设部长李锡铭、计委副主任黄毅忱、中央驻西藏整党领导小组组长胡锦涛。

1985 年 9 月区政府组织了第一届庙会，由省政府牵头制订南岳规划，区内各种设施开始建设，被占用的庙宇道观也从原来一些单位回归佛道教组织。

1987 年 7 至 8 月全国政协委员两批共 30 人视察南岳，并察看了忠烈祠，提出了恢复意见。

1992 年 10 月中顾委副主任李德生，11 月中共中央政治局常委乔石相继来南岳视察。

1993 年 4 月 20 日国务院副总理朱镕基来南岳视察，并在忠烈祠签名留念。1994 年 4 月全国人大常委会副委员长李沛瑶视察南岳，9 月中央军委副主席张震来南岳，10 月中纪委书记尉健行也来南岳。

1996 年南岳忠烈祠被国务院列为全国重点文物保护单位，同时被中宣部公布为全国爱国主义教育示范基地。南岳区内外一些学校来此缅怀祭祀，区政府择时举行了公祭。

2000 年南岳区委区政府决定开辟一个大型景区南岳寿苑，位于南岳大庙之后，驾鹤峰之南，寿涧之东，总占地 250 亩。寿苑景区由万寿广场、祈寿坛、万寿大鼎、颐寿园等景观组成，是南岳一个以寿文化为主题的大型园林式景区。

寿苑源于南岳上应二十八宿轸星，星旁有长沙星"主寿·子孙昌"。屈原在《九歌·云中君》中曰："蹇将憺兮寿宫，与日月兮齐光。"唐玄宗李隆基有祈寿告文铜简投于南岳紫盖峰下仙坛中。李白有诗：衡山苍苍入紫冥，下看南极老人星。"宋徽宗曾亲书"寿岳"二字刻于南岳金简峰，后有康熙御碑开篇即言："南岳为天南臣镇，上应北斗玉衡，亦名寿岳。"《辞源》一书中亦说："寿岳即南岳衡山。"寿苑景区前门为江泽民题词的寿岳衡山牌坊，进门即绿草如茵的广场，中间有广场瓷砖铺设的巨大"寿"字，整个广场堪称中国露天寿文化博物馆。

广场之后是祈寿台也是演艺场，后有寿坛，左右石磴上去是华夏同尊牌坊，再循 9.9 米宽，198 级台阶向上即是中华万寿大鼎，高 9.9 米，喻九九归一、中华统一，重 56 吨，青铜铸造，喻 56 个民族共兴中华，鼎四方铸有一万个不同时代的名人书写的寿字，喻中华万寿。大鼎有 4 个巨足，内空直径一米，设有台阶，游人可从足内登上大鼎一览南岳全貌。后有全国各地游人认捐的寿树寿林，再后有寿佛殿，近年景区得到了全国各地游客的青睐。

2000 年 10 月 6 日在寿苑举行大型庙会暨寿文化节，请来了众多文艺明星，此后年年都举行大型文艺活动。

同时南岳古镇改造按照总体规划全面启动，居民的房屋建筑风格与南岳庙相适应。高度在三层以下，错落有致。古色古香古韵，恢复古代小青瓦、马头墙、跑马晒楼好乘凉的风格。人民生活水平在不断提高，特别是改革开放以后，人民的衣食住行均旧貌新颜。南岳庙依旧香火鼎盛。古人形容南岳"家家开店卖黄精"，如今家家开店卖香烛。

随着政府对香炮破坏环境的认识不断提高，开始逐渐疏导朝圣者的思想观念，对香烛规格数量进行相应规定。

2001 年，《南岳衡山古今诗词集成》共 170 万字巨著面市。

2003 年 10 月 6 日南岳举行千年佛教论坛，高僧云集，信士如云。

2011 年 11 月举行南岳国际道教论坛大型活动，中共中央政治局常委、全国政协主席贾庆林发来贺信，对道教崇尚自然，齐同慈爱，贵生乐生，抱朴守真，体现了人与自然和谐、人与人之间和谐、身心和谐理念的观点，给予肯定。还指示当今世界应尊重文明多样性，倡导不同文明对话交流，才能实现共同繁荣发展。

大会有来自世界十多个国家的代表出席，盛况空前。

不以类别而以时间顺序搜罗南岳的人文，足以证明这座名山始终与中华民族同呼吸、共命运、风雨同舟，从游历者的行为语言中可以品读民族兴旺时的慷慨激昂，衰落时的悲愤抑郁；有发达者的急流勇退，有落寞者的涕泪交加；有为国为民的赤胆忠心，有忧国忧民的殚精竭虑，亦有杀身成仁的先知先觉，更有揭竿而起的奋勇精英！

第五节　庙建与方志

远古即有祝融祠，东汉末张道陵从浙江天目山来谒祝融君祠，隋代在保留山顶祝融殿之外于山麓建南岳神祠，为方便祭祀，后改赤帝峰下今南岳庙址。

唐开元十五年（727）南岳庙遭火灾，殃及南岳镇300余户民居。后修复，唐五代后晋天福二年（937）晋高祖石敬堂命祭五岳，令州府官员对岳"量事修崇"。

宋开宝九年（976）九月，太祖诏修南岳庙。

元顺帝至正八年（1348），长沙府尹刘光祖奉旨重修南岳庙。

明宪宗成化六年（1470），湖广巡抚吴琛奉旨扩建南岳庙，成化八年十二月落成，正殿9间，高7丈2尺，象征南岳72峰，后殿5间，东西廊房96间，嘉应门3座，正南门、棂星门各一座，规模宏大，庙貌崇伟，后每次修缮皆仿原貌。鉴于几次火灾的教训，庙宇的石刻绘画到处都有栩栩如生的各种姿态的龙，正殿后的泥塑三龙戏珠，丹凤朝阳几百年不变，成为奇迹，更有800条蛟龙护南岳。

从南北朝刘宋道士徐灵期写《衡山记》始，后有唐昭宗天复二年（902）道士李冲昭著《南岳小录》，宋高宗建炎至绍兴年间（1127-1162）道士陈田夫著《南岳总胜集》，更有明世宗嘉靖七年（1528）衡山知县彭簪撰《衡岳志》八卷，8万余字，截至明朝共修《衡岳志》三次。康熙三年（1664）衡山知县朱衮、县学生袁奂纂《重修衡岳志》八卷、24万字，为四修。康熙四十四年（1705）湖南巡抚赵申乔奉旨大修南岳庙，并增建亭楼，费白银四万余两。四十六年（1707）九月竣工，康熙御撰碑文并御书"光辅紫宸""永峙南维"匾额。清世宗雍正十年（1732）湖南巡抚赵宏恩奉旨重修岳庙，用银八千四百两，是年九月竣工，御书"功宏育物"。乾隆十六年（1751）诏建山顶祝融殿，同一年对南岳庙进行大修，御书"灵曜南云"匾额。

清乾隆十八年（1753）衡山知县请南岳人旷敏本再修《南岳志》八卷，约18万字，又名《岣嵝志》，乃五修。

清嘉庆九年（1804）衡山富户刘盘捐资2.21万缗重修南岳庙。宣宗道光元年（1821），两江总督、太子太保湖南安化陶澍监修，许知玑六修《南岳志辑要》。清同治四年（1865），湖南巡抚李瀚章、委同知衔知县贺宗润、委绅按察史候选道符信等共捐银 22.8 万串修葺南岳庙，奏请御书"铨德钧物"匾额。光绪六年（1880）巡抚李明墀、委二品御湖南即补道吴锦章、委绅布政使衔前云南按察使李元度等共资 6.66 万缗重修南岳庙大殿，奏请御书"黄离永吉。"

光绪九年（1883）湖南平江人李元度七修《南岳志》约 30 万字。

1922 年南岳庙再次大修竣工，赵恒惕等当时国民政府要员捐资并在大庙正殿石柱上刻字撰联。

1923 年邑人王香余主持、李子荣主编《增补南岳志》二卷，1924 年又《续增南岳志》二卷，作李元度志续本。

1964 年南岳县县长曾吾主持维修南岳庙，将破旧的油漆彩绘全部进行了一次翻新。

1982 年 7 月南岳庙正殿被损坏的圣帝像进行重塑，并由省长刘正亲自过问编制《衡山风景名胜区总体规划》。

1996 年由区委区政府组织专班、退休的第一任区委书记谭岳生领衔编纂的新版《南岳志》由湖南出版社出版。

20 世纪 90 年代由省政府主持、省政协主席刘正担任南岳修庙委员会负责人的领导班子成立，历时数年将南岳庙按历史原貌的格局进行了整体修葺，道教于东边内外红墙之间建八座道观，佛教于西面内外红墙之间建八座佛寺。庙宇四周恢复了角楼，基本做到整旧如旧、古色古香。但2004年报国家文物局升国家级文物保护单位未果，后经国家领导人亲自过问，省政府积极争取，国家文物局组织专家进行单独评审才被批准为国家级文物保护单位。

第四章　南岳文化大观

第一节　南岳楚风

南岳衡山得名于三皇五帝时期，是古代王者疆域的象征，曾有炎帝采药及教民农耕的足迹，亦有黄帝在南岳山毗卢洞望云气，并亲受戒经的故事，即后来大禹在南岳获得的金简玉书，还有舜帝南巡时途经南岳，在今水帘洞上方的紫盖峰建"承露台"，以丹丘国所献玛瑙瓮承接甘露赏赐百官饮用等典故。但世事纷争，预后难料。一千多年后随着楚国的不断强大，楚悼王（前 401—381）任吴起为令尹，变法图强，国力兴盛，则北胜魏国，南收扬越，并挥师跨过洞庭，沿湘江向西南征服了苍梧之域，即现在的湖南广西一带，拓展了楚国疆土。湖南一带也就进入了楚国的版图。

南岳衡山不但承袭了炎黄文化，同时也接受了楚文化，至今楚人许多风俗习俗南岳都保留着。同时炎黄文化也感染了楚人，两种文化在南岳进行了融合。南岳庙供奉的祝融神既是炎帝的化身，同时也是楚人的先祖吴回或熊绎的化身。祝融之名是火正的封号，因为他们都曾经担任过火正一职，是向中华民族传播火文明的始祖。南岳祝融神被宋真宗封为司天昭圣帝，人们简称的南岳圣帝自古以来是湖北荆州以南，江西、湖南、广西、广东等百姓的祭拜之神，江西人还在南岳建立了会馆万寿宫。

炎帝的文化符号是火，是赤色、朱色，南方七宿井鬼柳星张翼轸所形成的火鸟图形也称朱雀或朱凤。故杜甫诗曰："君不见潇湘之山衡山高，山巅朱凤声嗷嗷。"

楚人的文化符号同样是尊凤尚赤、崇火拜日、喜巫近鬼，认为自己是日神远裔，火神嫡嗣，王族祝融之后。

楚文化所形成的民间习俗非常之多，比如大年初一为鸡日，禁杀鸡，因鸡有凤之称，朱凤是楚人图腾。南岳大庙正殿北面重檐左右就有丹凤朝阳的泥塑悬雕，也是寓意朱凤。南岳衡山一带大年初一五更前放炮驱鬼，越响越好，早餐也趁五更前吃完，不能被人撞见怕不吉利，有彦语言之："鸡不叫，狗不咬，半夜吃饭衡山佬。"

至今南岳依然保留着楚人的鬼神文化，到处建有龙王庙、土地庙、大王庙、财神庙、药王庙。道教正一派许多传承者都成了民间驱鬼敬神的师公或道士。百姓每月逢初一和十五要点香放炮敬土地神、敬斋饭，南岳大庙建有天符殿，每年农历五月十七有抬天符老爷游五街四乡的习俗，意在送瘟神。这一习俗只流传在三楚之间的湖南、湖北、江西等地。

鬼神文化源于楚地到处都是像南岳一样的崇山峻岭，楚人在此筚路蓝缕，开启山林，奋发图强中所遇到自然界风雨雷电等恶劣气候的变化无常，以及飞禽猛兽的穷凶极恶时所导致的无奈与惧怕。人们在蒙昧中不知所措，因此产生了敬畏，只能用祈求和祭祀等办法以安抚与驱逐。这些现象只要追溯楚国的发展史就可佐证其由来，也能见证楚人的艰辛与成就。

一、楚国由来

南岳供奉的祝融神有楚人的先祖吴回，他的后人鬻熊因侍奉周文王受到器重。后又助武王伐纣，其曾孙熊绎因祖上助周伐纣灭商有功。适逢周成王重用功臣之后，故熊绎被封公、侯、伯、子、男中的子爵之位。封地在丹阳，即当今丹江口水库一带，国都就建在丹阳。方圆是五十里穷山恶水的不毛之地，于公元前 1042 年建国，立国时祭天无牛，只能到邻国偷了一头小牛，怕被发现，趁天未亮偷偷进行了祭祀。

熊绎为楚国开国之君，芈姓，蛮夷，屡被中原人歧视与攻击。从周昭王至周夷王数十年间多次对楚国进行征伐，迫使楚国沿丹江河谷不断向下迁徙。

怎奈楚国人越挫越勇，愈战愈强。熊绎在位三十七年间带领国人甘苦与共，扩疆拓土。他去世后其子熊艾约在公元前 1006—975 年即位，他继父之愿继续带领国人多次战胜周朝的攻击。

至熊绎的第四代传人熊渠之时愈加强盛，雄踞汉江流域，他鄙视周王室曾经封的先祖子爵之位。从而自主为王，后在周厉王上台后，复去掉王号又夹起了尾巴，170 年后楚国兼并了周围其他许多小国，楚武王熊通即位再次称王。公元前 770 年进入春秋时期，楚国成为汉江一带霸主，楚文王熊赀时期迁都于郢（今湖北江陵附近），成为南方强国。国土从几十里到几千里，数代人将领域扩展到今湖南、湖北全域，延至重庆、四川、河南、安徽、江西、江苏、浙江、陕西、山东等省的部分领地。

楚人由于被歧视和在穷山恶水之间的环境中锻造了耐得烦、霸得蛮，敢为天下先的地域人性精神。西周王朝在多次征伐中不但没有征服楚国，反而使自己逐渐衰败，如周昭王三次伐楚未成，最后自溺于汉水，由此导致楚国公开分庭抗礼。

从楚文王到楚成王几代君主开始与中原诸侯争霸，几次失利后至楚庄王时击败争霸的宋国（泓之战），终于成为春秋五霸之一。春秋末年弭兵之会上各诸侯国将楚晋两国共推为春秋霸主，成为当时一流强国，其他国都要向其纳贡，后来楚国又成为战国七雄之一。

二、楚国衰败

水满则溢，从楚怀王之后楚国渐走下风，战国中期又被齐秦东西二强所重创，通过齐楚垂沙之战，秦楚析之战，楚国退出了争霸擂台，后期再无雄兵之势，甚至不如小国燕赵，在公元前224年被秦始皇派大将王翦率兵六十万所灭。

杜牧在《阿房宫赋》中说："灭六国者，六国也，非秦也，族秦者，秦也，非天下也，嗟乎！使六国各爱其人，则足以拒秦；使秦复爱六国之人。则递三世可至万世而为君，谁得而族灭也？秦人不暇自哀，而后人哀之，后人哀之而不鉴之，亦使后人而复哀后人也。"

由此说灭楚国者是楚国人自己，并非秦。比如公元前506年楚国人伍子胥全家被楚平王所杀，他则逃至吴国成为大夫，佐吴王伐楚成功，挖开楚平王之墓，鞭尸三百以报灭族之仇。

再如战国时楚悼王为改变国贫兵弱之状，任吴起为令尹主张变法。国力虽复增，但伤害了既得利益集团。趁楚悼王去世，吴起被官僚贵族联合杀害。

楚怀王时中秦相张仪之计，逞匹夫之勇伐秦失利，楚军大败，二次伐秦再败，楚国元气大伤。

楚国之灭还因人才没有得到重用而投奔异处，公元前511年范蠡因楚国规定非贵族不得入仕而邀文种投奔越国，被拜为上大夫、相国，辅佐越王勾践灭掉吴国。

又如楚威王的小女儿芈月在威王死后被皇后将其母亲、弟弟一同打压陷害，后作陪嫁品随其姐芈姝嫁入秦国，被秦惠王纳为妾。她忍辱受屈，运筹帷幄，将自己的儿子嬴稷送上了王位，芈月从此便成了秦宣太后。她的玄孙秦始皇举兵灭了楚国。还有如甘茂、魏冉、李斯等投奔秦国，才有李斯献策助王翦灭掉了楚国。

楚国鼎盛于春秋时期（前770—476），是南方诸侯国的代表，从建国到灭亡有八百余年的历史，共历四十二位君主，有过悲哀屈辱，也有过灿烂辉煌。

楚国历史文化悠久，无论是物质文化或精神文化都是华夏文明的重要组成部分，楚地文明更多地沿袭了炎黄姬周文化特色，也融合了蛮夷文化的特点。

楚国的兴衰足以启示后人，没有伟大的战略眼光，没有包容的伟大胸怀，没有唯才是举的政治方略就会亡族亡国，使"后人哀之，后人哀之而不鉴之，亦使后人而复哀后人也"！

南岳衡山延续了楚文化和楚人的风俗习惯，但与楚国不同的是具有能兼收并蓄各种文化的大山胸怀！

第二节　南岳有道

南岳道教可追溯到东汉张道陵与晋代皮元曜、王谷神，接近 2000 年历史。这源于南岳有独特的地理环境与气候，山顶有一条自石廪、祝融、紫盖诸峰形成的山脊呈东西走向将南北横断，北面寒流无法跨越山脊，使南面气候温和，每到冬天大雪纷飞，南面盆地的雪落地即融，都说是南岳火神的神威，自古人们称此为福地。南岳虽为花岗岩山体，但覆盖的土层较厚，林木繁密，较北方泰山、华山、恒山、嵩山四岳尤为秀丽，故有五岳独秀之称。南面盆地海拔只有 46 米，山体绝对高度在 1200 米以上，却又极少有悬崖峭壁，便于登临，是隐居修道的绝好境地，因此道教捷足先登了。道教是中国最早的宗教，其形成有一定的历史原因，先梳理一下形成的背景。

一、中国道教的形成

中国道教究竟是怎样形成的？众说纷纭，根据任继愈主编的《中国道教史》所说，一种大的宗教形成需要具备几个基本条件：第一是形成特别的宗教信仰；第二是形成特定的宗教理论；第三是形成特定的宗教活动；第四是形成特定的宗教实体。故此，他认为《太平经》《周易参同契》《老子想尔注》是道教信仰和道教理论形成的标志。把太平道和五斗米道看成道教活动和道教实体出现的标志，把魏晋南北朝道教形成并得到统治者正式承认时期归属于道教前期。但也有的人根据宋史卷《宋史·道学传》《宋史·真宗记》分析，姜太公才是道学鼻祖，但姜太公却早老子 500 多年出生，理由是姜子牙佐周武王伐纣、灭商兴周、武王对在生的功臣封爵封地，令姜子牙对死去的功臣发榜封神，由此即产生了中国最早的神仙谱系。传说姜太公著《太极图》即为道学理论（太极图传伏羲画，又传唐末道教宗师陈抟画），所以他才是道教的创始人。但不管怎么说，道教的雏形应该源于上古时期，由于阳光雨露给人们的滋养、风雨雷电却又给人以灾难，晴雨交加，千变万化，蒙昧中使人手足无措，于是人们由衷地对自然产生了敬畏，逐渐延伸到对祖先的崇敬，对鬼神的惧怕，认为日月星辰、风雨雷电、山川河岳、古人亡魂等，万物有灵，皆有神的主宰，自然产生顶礼膜拜，并由此产生了人神沟通的占卜等活动和人物并逐渐演变成上古时期的祭祀仪式。初步形成了以天帝为中心的天神系统，以血缘为基础的鬼神系统，并由卜筮的巫祝来主宰，他们成了人类与鬼神沟通的职业者，并以歌舞降神、言词悦神，是宗教祭祀活动中的迎神祈祷的司仪。

周朝对鬼神的崇信逐渐发展，并形成天神、地祇、人鬼三大范畴，把崇敬祖宗神灵与祭祀天地并列，称敬天尊祖，认为万物本乎天、人本乎祖。

到了春秋战国时期，上古宗教产生了理性的演变，与社会文化知识的分化相结合，诸子百家如道、儒、墨、法、阴阳、神仙诸家兴起。

到了汉朝因为战乱频繁，随着汉朝统治阶级的崩溃以致人们的精神无所寄托故对宗教产生急迫的需要，并使原本的儒学也逐渐宗教化，此时外来的佛教也开始进入中国，在这种社会背景下，急需要一个适应国情的宗教出世为百姓来作为精神支撑，以此减轻战祸的伤痛和祈求庇佑。结果传统的鬼神宗教，神仙追慕，阴阳术数终于与汉代所崇尚的黄老思潮逐渐融合，道教的教派在此时也应运而生，后世道教所以成为多神教，即与上古甚至洪荒时代的鬼神信仰，密不可分。

人们崇拜神灵，敬畏神灵，信任神灵，为了与神沟通就必然要定期举行祭祀活动，逐渐定期化、仪式化，并且还得有礼乐制度，但这些制度随着春秋战国时期的礼崩乐坏而逐渐衰微，由过去高不可攀的帝王阶层所掌控逐渐流向了民间，恰在这时被民间的信士和巫觋所继承，演变成斋醮仪式。夏商周三朝的礼乐文明有相当一部分被道教保存了下来，道教也就成了古代礼乐文明的继承者。

道教的历史一般分为四个时期，即汉魏西晋的起源期、唐宋兴盛期、元明两代全真教的突起期和清以后的衰落期。

汉魏西晋道教起源期的两个标志性事件：一是《太平经》的流传；二是张道陵的五斗米道（天师道）的兴起。

《太平经》即汉顺帝时（126—132）宫崇所传的《太平清领书》，它源于西汉黄老道代表人物甘忠可的《包元太平经》，又称太平道。

当太平道日渐衰落时，东汉顺帝汉安元年的张道陵在今天四川大邑县鹤鸣山布道，创立了"正一盟威之道"。初次入道者叫"鬼卒"，以《道德经》为主要经典，传播的主要对象为底层农民。信道者出五斗米，故称五斗米道。

（也有研究称，乃因其崇信北斗南斗等五斗星，加上与蜀地弥教结合，故称五斗弥教，后讹称五斗米教）。该教虽偏隅西南，后却播于海内，遂发展为道教与正宗的天师教。

二、南岳有道

张道陵（34—156）字辅汉，原名张陵，是中国道教史中一传奇人物，也应是中国道教的始祖，活了122岁，游遍了名山大川。他是东汉人，本生于浙江天目山，曾经天目山、黄山到达南岳衡山，谒青玉坛、光天坛、礼祝融祠。晋代有王谷神、皮元曜来南岳，二者皆是蜀地青城山道士，通《老》《庄》《文》《列》之书，妙于星纬，同游名山，至南岳，卜庵于金母殿，数年道成，东游群玉，访九仙，晋武帝司马炎封王谷神为太微先生，皮元曜为太素先生，后羽化升天。

两晋南北朝时期，随着炼丹术盛行和相关理论的深化，道教得到了大的发展。同时道教也吸取了当时风行的玄学，丰富了自己的理论，东晋建武元年，葛洪（283—363）对战国以来神仙家的理论进行了系统的论述，著了《抱朴子》一书，是道教理论的第一次系统化，丰富了道教的思想内容。南北朝时，寇谦之在北魏太武帝支持下建立了"北天师道"，陆修静建立了"南天师道"。

三、道盛南岳

两晋时南岳建起了栖真观、南岳观，南朝时又建了太平观、九仙观，自晋代泰始（265—274）至南朝的宋、齐、梁、陈先后有九位高道在南岳修道归真，人们称南岳九仙，为纪念他们南岳建了九仙观。他们俗家姓名是陈兴明、施存、尹道全、徐灵期、陈慧度、张昙要、张如珍、王灵舆、邓郁之。

魏晋时期，道家兴起炼丹术，用汞等药物炼丹为外丹，这就是古代化学的雏形。另外是练内丹，应该是现代人说的气功。今南岳紫盖峰下弥陀寺废址右侧的巨石上刻有《还丹赋》，赋中对炼丹作了一些阐述。

东晋江左奇才衡阳郡人罗含（292—372）在他的代表作《湘中记》写道："衡山朱陵之灵台，太虚之宝洞，上承轸宿，铨德钧物，度应玑衡，故名衡山，下踞离宫，摄位火乡，赤帝馆其岭，祝融宅其阳，故曰南岳。"

晋代女道士，上清派所尊崇的第一代太师魏华存

（251—334），又称南岳夫人，道家称紫虚元君与南岳魏夫人，山东任城人，晋司徒魏舒之女，因生于官宦人家受到了良好的文化熏陶，熟读儒学五经。但她所处的社会却是动荡不安的，皇权争夺，权贵倾轧，高门贵族生死无常，上层社会处于紧张恐惧、颓废、苟全的精神状态，老庄派道学应运而生并大行其时，魏华存受其影响，幼而好道，仰慕神仙，味真耽玄，欲求冲举，她沉浸于道学研究，志与幽林为伍，同猿鸟和鸣，对自己的终身大事从未考虑，直至24岁才在家人的强迫下嫁给了南阳刘文。虽生有二子，但长期修道，中年丧夫后更专心苦修，在河南洛阳太极真人安度明、清虚真人王褒的指导下编著了《黄庭经》（也有的说是整理修正了《黄庭经》），后预知中原将大乱，携两子辗转来南岳。她创立了道教上清派，也是道教医学的开山祖师，强调内丹修炼，传说还著有《黄庭内景经》，使江南道教的影响遍及全国，南岳也成了当时全国道教的中心。"景"应是指"神"，内景是指内神或者内境，应该是一种气功修炼。"黄"即中央之色，中医指脾，即四方居中。也是五脏居中，气功修炼是中国古人的一大发明，有利于锻炼身体，当时称所谓内丹修炼，道家所说的丹灶，实指自己的身体。后人都说：魏夫人的成就不仅在中国道教史上具有重要地位，也使当时南岳名山享誉海内。

唐宋是道教兴旺期，因唐高祖李渊认老子李聃为祖先，宋真宗、宋徽宗也极其崇信道教，宋徽宗更自号"教主道君"皇帝，故此道教备受尊崇，成为国教，此时出现了茅山、阁皂等派别，天师道也开始复兴，自汉晋以来一直隐而不显的道教丹鼎一派，由于汉钟离、吕洞宾等人的大力倡导正式面世，而且内丹之学开始在理论方面趋于成熟。

唐朝在南岳修道的道士司马承祯（647－735），字子微，法号道隐，河南人，出身官宦之家，乃司马懿四弟司马馗的后裔，自幼家教良好，聪慧过人，博学多才，琴棋书画无所不通，与当时著名诗人李白、孟浩然、王维、贺知章、陈子昂、宋之问、王适等人号称"仙宗十友"。他首创金剪刀书风靡全国，是道教上清派第十二代传人。88岁仙逝后，唐玄宗痛惜不已，下诏赐"银青光禄大夫"，赠号"贞一先生"，还亲笔为他撰写碑文，并下令将司马承祯在南岳衡山的旧屋改建为隐真观，亲笔书写观额。同时诏令衡阳府铸造四千斤的铜钟悬挂于隐真观内，以示崇敬。令其弟子薛季昌主持隐真观，继续享受帝王师之待遇。

王仙峤与后来的邓紫阳等人被封为天师，赐号司马承祯为白云先生，其后道士张太虚被赐号元和先生，道士刘元靖赐号广成先生并敕授银青光禄大夫，充崇元馆大学士、加紫绶、铸印置吏，是南岳第一个实授三品职官的道士，帝王之优诏频颁，南岳大吏踵至，信奉道教之风因官方的支持在全国日益兴盛，道家文化也就相应地渗入各个领域。

由于唐代佛道教文化在南岳的兴旺，且与朝廷大员往来密切，如唐代四朝元老，位居宰相的李泌曾隐居南岳时拜道教上清派名道张太虚为师。唐敬宗时吏部侍郎赵橹则为刘元靖撰《广成先生传》，太子少傅卢璠撰《广成先生石室铭》，韩愈则为南岳道士轩辕弥明《石鼎联句诗》作序。唐诗人储光羲、崔涂、张齐、鲍溶、李群玉、王元等诗人均有诗寄南岳道人或道观，道士中不少文化素养高，玄学修为深的人则著书立说，如南北朝刘宋时徐灵期即著有《衡山记》，是当初记述南岳的专著；唐末道士李冲昭著《南岳小录》。尤其宋高宗时期（1127—1162），道人陈田夫号苍野子，居南岳紫盖峰下九真洞老圃庵，30 余年往来于南岳群峰之间，著有《南岳总胜集》，记述 72 峰峰名及其形胜。

　　继唐之后宋代道教依旧兴盛，宋真宗大中祥符九年（1016）御赐张正随为贞静先生，天圣八年（1030）赐信州龙虎山张乾曜号澄素先生。

　　宋末元初之时王重阳创立了全真道，奉《道德经》《般若波罗蜜多心经》《孝经》为主要经典，融儒释道思想于一家，主张少私寡欲，不尚符箓，不事黄白之术，以"识心见性、除情去欲、忍耻含垢、苦己利人"为教派宗旨。后来其弟子丘处机为成吉思汗讲道时劝其不要滥杀无辜，受成吉思汗信赖，被元朝统治者授予主管天下道教的总管。这一时期道教其他派别为应对全真派的迅猛崛起，原龙虎山天师道、茅山上清派、阁皂山灵宝派合并为正一道，尊张天师为正一教主，当时形成了北有全真派、南有正一派的格局。

　　元末明初全真武当派祖师张三丰曾居南岳九真观，传说活了212岁，朱元璋、朱棣父子多次寻他不见。张三丰善诗词书画，到南岳后赋有一首七律诗："今日完成五岳游，身骑黄鹤驻峰头。曾于北镇先寻访，直到南衡始罢休。万里漫云燕楚隔，两山刚被坎离收。天然道妙同行辙，又看湘江九曲流。"张三丰学贯儒、释、道三教，更精于理学，主张三教合一，但认为"道"为三教之源，因其生天地万物，含阴阳动静之机，具造化玄微之妙，统无极、生太极，乃万物之根本。他认为儒、释、道之功用都是"修身利人"，儒离此道不成儒，佛离此道不成佛，仙离此道不成仙，认为儒"行道济时"，佛"悟道觉世"，道"藏道渡人"，应是殊途同归。由此可见张三丰的道学思想在南岳不无影响，后来者有全真道华山派第二十代玄裔弟子王信安道长在"文革"前后两度在南岳弘道。特别是党的十一届三中全会后落实宗教政策，他为南岳道教呕心沥血，坚持全真教"修仁、蕴德、济贫、拔苦"的宗旨，做了大量功德。现在南岳其弟子众多，南岳道协现在应多是全真派后裔，正一派多在民间。

清代时因满族入主中原，信奉藏传佛教，并压制汉族信奉的道教，故逐渐走向衰落，直至民国以后党派主政，更是让其旁落于政治中心之外。但在抗日战争期间，中国宗教人士，特别佛道两教人士也奋起参与抗战，南岳当时在国共两党合办的抗战游干班的鼓舞下也办起了南岳佛道救难会，叶剑英为组织正名，将"南岳佛教救国协会"更名为"南岳佛道救难会"。三元宫住持刘光斗被选为副会长，为当时湖南的抗日起到了一定的作用。解放后到了1957年中国大陆成立了道教协会管理道教事务，但在后来宗教受到重创，信徒都被遣散，庙宇多被摧毁。南岳也不例外，佛道信徒被遣还乡，南岳当时所存寺观也都被挪作公房。

直至中国共产党的十一届三中全会拨乱反正，宗教团体才慢慢恢复，被遣散的人员逐渐回归，并逐步维修庙宇，建立道教组织，整顿教风，认真贯彻宣传党的宗教政策。被挪作公房的庙宇进行清退，玄都观、黄庭观、紫竹林最早被启用，近些年南岳道教的地位得到了很大提升，黄至安道长先后当选了全国人大代表、全国政协委员并担任中国道教协会副会长、湖南省道教协会会长。她带领协会同道历尽艰辛恢复了大庙东八观、重建了水帘洞的朱陵宫、坤道学院、南天门的祖师殿等，并重新译注了陈田夫的《南岳总胜集》。

四、说 道

"道"是道理、是规律，根源于黄帝与老子的黄老道学，是一门探索自然与社会的学问，教化人们如何处理天、地、人之间的关系。道学远早于儒学与佛学，约有5000年历史，但三者研究的对象大同小异。道学并不是道教。道教形成的时间不足 2000 年，但道教沿用了道学的思想理论与经典，如老子的《道德经》。

老子的道家思想重视"无"，开篇就说"无为天地之始"，主张无为而治，意思是尊重自然规律，万物任其自生自灭，不要人为干预，一切都会自然地周而复始。因为宇宙间一切都有规律。比如月球绕着地球转一周为一月，地球绕着太阳转一周为一年。天体的自然运动规律着人类的生活变化，如北斗星的斗柄朝东，则天下皆春，朝南则天下皆夏，朝西则天下皆秋，朝北则天下皆冬。植物的规律有荣枯兴衰，动物有生老病死，这都是规律。当然无为也不是绝对的，先得有为，如《道德经》第三十七章"道常无为，而无不为。侯王若能守之，万物将自化"。这里的"守"就是有为，守是克制人性的欲望，守住规律，不要去破坏规律，甚至为其规律创造相应的环境，提供相应的条件。这就是有为，有为才能使万物正常化育、自然地生长，有为与无为都是相对的。"无"是道学之源，道生于无。

五、无中生有谓之道

人类每天都看见的天与地，并接受天地的巨大恩赐，地滋生人们各种生存必需的物资，天给人们的生存需要送来阳光和风雨雷电。那天地到底是怎么生成的呢？古代世界上有三位老人都在探索。

道家（老子）说："道可道，非常道，无，为天地之始，有，为万物之母。故常无，欲以观其妙。常有，欲以观其徼。此两者，同出而异名，同谓之玄，玄之又玄，众妙之门。"

老子告诉我们天地来源于"无"，"无"中有天地，无中生有。这个道理太玄奥、太奇妙，有了天地就有了万物，一生二，二生三，三生万物。这个"无"真的了不起。"无"竟然变成了"有"，这两者是同一个地方出来的，只是一个叫"无"，另一个叫"有"，所以说同出而异名。两者都很神秘，而且是宇宙间所有奥秘的门户。

佛家（释迦牟尼）也发现了这个"无"，同样感到奇怪，既看不见、听不到，也摸不着、尝不出、闻不到、想不清、感觉不到。他说："无受想行识，无眼耳鼻舌身意，无色声香味触法，无眼界，乃至无意识界、无无明，亦无无明尽。"他最后把这种现象总结成看不见的叫"空"，相当于道家老子说的"无"，把看得见的叫"色"，相当于道家老子说的"有"。跟道家认识一样，发现这个"空"与"色"也是同出而异名。故说："色不异空，空不异色，色即是空，空即是色。"

儒家则有太多的人在研究传承这个"无"。从伏羲、黄帝、周文王父子、姜子牙、孔子、周敦颐、张载、王船山等，不可胜数。他们和道家一样，讲究语言简单，话语形象容易理解，而且代不乏人。多都把"无"称为"气"，"有"谓之"形"，或者称"道"和"器"、"阴"和"阳"。《易经·系辞》中"形而上者谓之道，形而下者谓之器"。这"道"和"器"及"上"和"下"就是"无"和"有"，也是天和地。《幼学琼林》开言就说："混沌初开，乾坤始奠，气之轻清上浮者为天，气之重浊下凝者为地。"这里的混沌就是"无"，混沌一裂开就有了乾坤天地。古人还曾称为盘古。盘古用斧子劈开混沌的圆盘就化生了天地，更形象地说像一个鸡蛋，圆圆的，打开以后就有蛋黄、蛋清，蛋清就是"无"，无色、无形；蛋黄就是"有"，有色有形。

中国有一部《易经》，传说起源于伏羲的八卦，传到夏朝又传到周朝，由《连山易》演变成《归藏易》后成了《周易》，先天八卦演变成后天八卦，周文王在姜子牙的指导下创造了卦辞。易经的元素就是阴阳，就是"无"与"有"。来源于太极，太极源于陈抟的混元态，周敦颐把混元态称无极，就是138亿年前宇宙大爆炸之前的状态。它虽空无、静止、无边无际混沌的初始状态其实蕴藏着巨大的能量，其演变程序叫作太极生两仪，也即阴阳，或叫天地。两仪生四象，即老阴老阳、少阴少阳。四象生八卦，即乾坤离坎震艮兑巽，分别代表天地火水雷山泽风，后面又与五行及天干地支配上。一个无极化生成了无限，真可谓无中生有。

北宋又出了一个神人，他好像看到什么？他在《横渠易说·系辞上》说："气聚则离明得施而有形，气不聚则离明不得施而无形。"其意就是中国医学阴阳论的聚则成形，散则为气。在他的《正蒙·太和》中说："太虚不能无气，气不能不聚而为万物，万物不能不散而为太虚。循是出入，是皆不得已而然也。"意即太空中必然会有气，在某种因缘催生下也必然会聚而成万物，但万物也必然会在一定的条件下散而为气进入太空，这种循环出入多变是必然规律。因此，道家说："故常无，欲以观其妙，常有，欲以观其徼。"佛家又说："色不异空，空不异色，色即是空，空即是色。"两者之间也是循环转换的，原来空与色、散与聚、阴与阳、气与形、无与有是互相变化的，所以常无常有、常聚常散、常阴常阳、常色常空，不变的是无常这个规律，但其轮回往复循环，时刻保持着相对平衡状态。

明末清初一个叫王船山的人，根据这些道理继起张载的论据，谓之"太虚一实"。认为整个太空其实是一个实体，并没有空隙，只是有些东西太小肉眼看不见而已，太空中的物质聚则成形，变成万物，散则为气进入太空。

人世间为了弄清这个问题的真相，太多人孜孜以求。他们发现宇宙间虽然繁纷复杂，其实也认为只有两种物质，一种是看得见的有形物质，另一种则是看不见的无形普通物质和暗物质，二者其实又是同一种物质的两种变化形式。

普通物质和暗物质就是看不见的"无"，但其实是"有"。到底有什么？普通物质中有原子、质子、中子、电子、粒子。人就是由原子组成的，人的最微结构是粒子，粒子是永不消失的。

近代又发现了量子力学，它有三种表现形式，即量子坍缩、量子叠加和量子纠缠，它可以使粒子重组，而且不受时间与空间的限制。

就是说宇宙间任何物体消失后（包括人）以粒子的形式会永久存在，通过量子力学原理可以将粒子重新组合还原，不过这些科学家还没有找到一种工具去还原。但要不要还原有待共同意见，世界任何发明都会像原子理论一样，既会带来福祉也会带来邪恶，心魔心佛都在人心。

中国古人之伟大可见一斑，几千年前就发现了宇宙的奥秘，竟然和今天科学家们对宇宙的探索惊人的一致。尤其不走极端危害人类，只是告诉我们万物取其中，适可而止，见好就收，过犹不及，因为物极必反是人与自然及人与人之间处理关系的法则。为了南岳的长远发展必须有道，将行政的有为与道家的无为有机统一，使资源永续利用。

第三节　南岳夫人

"寻仙向南岳，应见魏夫人。"自李白这首《江上送女道士褚三清游南岳》诗后，上真司命南岳夫人魏华存更加声名远播。

魏华存（252—334），晋代山东任城人，女道士，字贤安，又称紫虚元君、魏夫人。上清派第一代太师，其父魏舒曾为西晋司徒。

自小好道，对《老子》《庄子》《列子》之书皆曾涉猎。二十四岁受父母之命远嫁南阳刘文，并生有二子，长者名璞、次子曰瑕，待幼子稍大后即独居静室专心修道。据《魏夫人传》记载，四真人曾降静室传授要旨，并得清虚真人王褒《太上宝文》《大洞真经》《高仙羽玄》等上清道经。

魏华存曾为天师道女官祭酒，懂《明威章奏》《存祝吏兵符箓诀》。在南岳集贤峰侧念《黄庭经》十六年，她手书隶书《黄经内景经》刻于室内墙上。东晋咸和九年（334）于南岳白龙潭附近羽化飞升，后人为了纪念她，在其修道旧址于隋代大业十四年（618）始建魏阁以祭祀，宋政和五年，宋徽宗赐名黄庭观。

公元 364 年传闻魏夫人降于尘世将《上清经》授予弟子杨羲，羲又传于许谧、许翙，但真实情况是魏夫人的儿子将其母之经书整理交给了杨羲。（长子刘璞曾为安城太守，次子刘瑕也任太尉从事中郎将。）

杨羲为上清派第二代宗师，第三代至第九代是许谧、许羽、马朗、马罕、陆修静、孙游岳、陶弘景。

陶弘景是上清派第九代宗师，也是茅山上清派道场的开创者。

何谓茅山？即在西汉景帝时茅盈、茅固、茅衷兄弟在江苏句曲山修道，德润百姓，后人为纪念他们将句曲山改为茅山，并奉他们为三茅真君。魏晋南北朝时，茅山即成为上清北派的主道场，后葛洪在广东惠州罗浮山开辟了上清南派道场。

上清派主修《黄庭经》，又称《大洞真经》，陆修静、陶弘景对上清派许多真经符箓进行了大量搜集整理，陶弘景以茅山为据点大肆弘扬上清派宗风。他历经南朝宋、齐、梁三朝，善于风角星算、阴阳五行、医术本草，有山中宰相之称。

陶弘景尤其善于兼修并蓄道教各派之长，主修上清《大洞真经》之余对灵宝、三皇等戒经法箓均有涉及，更强于研习儒家、佛家之精要，著有《真诰》《登真隐诀》《真灵位业图》。

茅山上清宗坛、阁皂山灵宝宗坛与龙虎山正一宗坛并称为符箓三山。

茅山宗经隋唐王远知、潘师正、司马承祯、李含光等宗师的开拓成为唐代道教主流派，势及大江南北，受李唐王室尊崇，至唐代司马承祯重回祖师魏华存成仙的南岳时更是声名鹊起。

司马承祯年少时就喜欢道学，不思仕途，拜嵩山道士潘师正入道，精通上清经法、符箓、导引、服饵等术，曾隐居天台山玉霄峰。武则天曾召其至京都，亲降手敕，赞其道行高超。睿宗李旦景玄二年（711）召入宫中，询问阴阳术数与理国之事，他回答阴阳术数为"异端"，理国应以"无为"为本。颇合帝意，并赐以宝琴及霞帔。

唐玄宗开元元年（713）司马承祯来南岳衡山住九真观附近白云庵修炼，弟子甚众。他善书法篆隶，自成一体，谓"金剪刀书"。开元九年（721），玄宗派使者迎其入宫，亲受法箓，成为道士皇帝。开元十五年（727）又召入宫，请他在王屋山自选土地建造阳台观供其居住，并以其意愿，在五岳各建真君祠。玄宗令其用三种字体书写《道德经》刊刻为石经。宰相张九龄、张说等皆师之。开元二十一年（733）羽化，朝廷追赠银青光禄大夫，谥号"正一先生"。南岳东街司马桥以其姓命名。

司马承祯弟子薛季昌接皇帝诏再主持南岳九真观，为上清派第十三代宗师，玄宗还赐诗一首："洞府修真客，衡阳念旧居，将成金阙要，愿奉玉清书，云路三天近，松溪万籁虚，犹期传秘诀，来往候仙舆。"九真观被玄宗赐为降真观，又命衡州铸铜钟一口赐予观中，重四千斤。

司马承祯创造了一套道家修真的理论和"五渐门""七阶次"等一系列修真法则，著有《修真秘旨》《上清含象剑鉴图》《神形坐忘录》《天隐子序》《服气精义论》《采服松叶法》等20余种著作，被收入《四库全书·道藏》内。自从佛教进入中国后，儒、道、佛三家思想就互相渗透，道教从陶弘景开始到司马承祯至唐五代时期的陈抟始终都在撮合三家思想之精华。

上清派从魏华存至刘大彬共传四十五代宗师，晋代至元朝繁衍一千余年，最后归于正一道，所谓三山符箓归正一。

现在道教基本归于两大派系，即以张道陵为代表的正一派和以王重阳为代表的全真派，但两大派系中依然还有许多支流派别。

以南岳夫人为第一代宗师的上清派，崇奉的是原始天尊，太上大道君，主修的是《黄庭经》，后称《上清经》或《上清大洞真经》。

《黄庭经》是一部以中国医学脏腑学说为理论基础的经典。认为人体百脉关窍各有主神，是人体精、气、神修炼的专著。是前代修炼养生经验的总结，为后世的内修提供了基本理论和方法，被称为"寿世长生之妙典"。

上清派有三个辉煌时期，一是南岳夫人时期，因其主修人体精气神，崇尚者多为朝廷士大夫及地方要员与士绅，他们追求长生不老，故当时南岳噪极一时，名动大江南北。

二是茅山时期，时值战乱，后人携经到江苏茅山，被陶弘景发扬光大，他多教兼修，儒佛共融。四十余年间声名大振，成为道教茅山派的开创者。

三是唐代司马承祯来南岳时期，他将道教修炼提升到心身共修，并融儒家之心性道家之有无，佛家之色空共研，当时弟子众多，名动京师，被武则天、唐睿宗、玄宗多次召见，给予了很高的礼遇。唐玄宗开元二十六年（738）派大臣投放金龙与铜简，铜简上有祈寿告文，就是因为汉代《甘石星经》中记载南岳为寿岳。上清派尊师魏夫人曾来南岳修炼延年益寿的《黄庭经》，此经被唐玄宗称为上清灵文，故特向南岳紫盖仙洞投简祈寿。足见上清派在唐代的影响之大。

南岳道教兴盛于两晋、南北朝与隋唐，当佛教在南岳占主导地位时慢慢有所衰退。

到了明清时期南岳道教修持者有所减少，直至改革开放后又逐渐兴旺。道教沿用了中国传统道学的理论，是中国传统文化的一个组成部分。被称为南岳夫人的魏华存为传承中国道学，丰富南岳文化作出了不可磨灭的贡献。

第四节　佛在南岳

享誉五岳独秀的南岳由于优越的自然环境不但吸引了羽客的青睐，也同样受到僧侣的钟爱。南北朝是佛教传入中国的鼎盛时期。惠海和尚于南朝梁天监二年（503）就来南岳创建了方广寺，北朝至今保留北魏时期甘肃的敦煌石窟、天水麦积山石窟、山西的云冈石窟、河南洛阳的龙门石窟，这些至今都是世界奇迹，是世界文化遗产。为什么外来文化会这样被中国认可？还得从传入中国的历史过程进行简述，再谈佛教在南岳的发展。

一、中国佛教的形成

宗教是阶级社会中的一种文化现象，佛教是全世界千千万万种宗教中的一种，佛教的思想精微却是人类初始文明的标杆。佛教在中国应是舶来文化，是从古印度传来的，它已有2500多年的历史，但其实印度现在信仰佛教的人只占信教人数百分之八左右，他们真正信仰的是印度教。

关于佛教的起源地可能并不是当今的印度，应该是在印度达毗罗王国，这个地方就是现在的尼泊尔，创立佛教的人是该国王子乔达摩·悉达多，也就是佛陀释迦牟尼，当年玄奘西天取经也许就是到了这里。

中国佛教虽然来自国外，但它受儒教、道教的中国文化影响和渗透却成了中国佛教，甚至从思想到形式都已中国化，故此称中国佛教更为确切。

佛教的传入和发展有文字记载大约在汉明帝时期（约在公元 67 年）左右，开始被称为浮屠教。佛像应该也是同时期传入的，但在中国的西部新疆及甘肃等河西走廊（古代称西域）佛教和佛教艺术的传入应该更早一些。印度的佛教艺术经中国古代艺术家和工匠们的融合、改造形成了中国特色的佛教艺术，它随着佛教的兴衰而兴衰。

佛教传入中国后随着时间的变化、传入途径的差异、地区和民族文化特色的不同、社会历史背景的区别而形成了三大体系，即汉传佛教、藏传佛教和云南地区的上座部佛教（巴利语系）。

二、大乘佛教

约早于中国孔子与老子 100 年左右的释迦牟尼于公元前 565 年在古印度诞生，35 岁开悟而创立佛教，引导众生了解宇宙人生的真相、苦乐的真谛和离苦得乐的方法，给人类以和平、幸福和智慧。

佛教传入中国后，在南北朝时期得到发扬，至唐代达到鼎盛，佛教在印度却于 13 世纪逐渐消亡，被高羯罗赶出了印度，在中国却作为"大乘佛法"而得以发展和创新，提出"发菩提心、行菩萨行""无缘大慈、同体大悲"。体现了一种利益一切众生的佛道精神，它强调报父母恩、众生恩、国家恩、三宝恩。

佛教在汉族地区经过长期的经典传译、讲习、融化和中国传统文化的渗透与结合，从而形成了具有中华民族特色的各种学派和宗派，并外传朝鲜、日本和越南，甚至传入了欧美国家。

汉朝建元二年至元朔三年（前 129—126），张骞出使西域期间，曾在大夏见到从汉朝贩运去的蜀布、邛竹杖，说明当时中印之间已有民间往来，有可能佛教就随之传入中国。只是一种非国家行为，所以没有文字记载。

三国时期，承汉朝之后，天竺、安息、康居的沙门如昙柯迦罗、昙谛、康僧铠等先后来到魏都洛阳从事译经，支谦、僧会等前往吴都建业（今江苏南京）弘法。支谦深得孙权礼遇，拜为博士，并为僧会建立寺塔。昙柯迦罗、昙谛精于律学，译出摩诃僧祇部的戒本《僧祇戒心》一卷，主张僧众应遵佛制，禀受归戒，为汉地佛教有戒律和受戒之始，昙谛也在白马寺译出《昙无德羯磨》一卷。

康僧铠译有《郁伽长者所问经》和《无量寿经》四部。当时吴国译经始于武昌，盛于建业，支谦所译典籍涉及大小科经律，共 88 部、118 卷，现存 51 部、69 卷，康僧会译出《六度集经》9 卷。当时译经之事大小乘并举，小乘经典强调禅法，注重守神养心（守意）；大乘偏重般若。通过译经和对教义的宣传、研究，为魏晋南北朝时期佛教的发展打下了基础。

南北朝时期特别是南朝宋、齐、梁、陈各大帝王崇信佛教，梁武帝自称"三宝奴"，四次舍身入寺，他建立了大批寺庙，亲自讲经说法，举行盛大斋会，梁朝有寺 2846 座，僧尼 82700 人。唐代大诗人杜牧有"南朝四百八十寺，多少楼台烟雨中"的诗句来描述当时佛教的兴盛。北朝虽然在北魏世祖太武帝和北周武帝时发生过禁佛事件，但总体说来，历代帝王都扶持佛教，北魏文成帝在大同开凿了云冈石窟；孝文帝迁都洛阳后，为纪念母后开始营造龙门石窟。北魏末流通佛经 415 部、1919 卷，有寺院 3 万余座，僧尼约 200 余万人，北齐管辖的僧尼有 400 余万人，寺庙 4 万余座。南北朝时期大批外国僧到中国弘法，其中著名的有：求那跋摩、求那跋陀罗、真谛、菩提流支、勒那摩提等，中国也有一批信徒到印度游学，如著名的有：法显、智猛、宋云、惠生等曾去北印度巡礼，携回大批佛经。佛像雕塑、画像也随之发展，并融合中国的民族风格。

三、南岳佛缘

天下名山僧占多，南岳是南朝佛教兴盛时期的首选地。公元502年，惠海和尚来南岳建方广寺。传说其诵经时总有五位白衣长老列坐静听，自称南岳龙神。后又有希遁从天台山来南岳建庵修持。在南朝梁陈两朝之间又有海印和尚来南岳建南台寺，并在寺后石壁上镌刻"南台寺"三个大字，署名"梁天监二年（503）沙门海印"。陈朝天台宗二祖慧思和尚于光大二年（568）带僧徒四十余人来南岳，受早来南岳的海印法师指点，在此开山立寺建了大小般若禅寺，即现在的福严寺和藏经殿。在南岳讲经说法，将唯识学渗入他的大乘止观法门。在佛教界影响深远，他在南岳修行十年，圆寂于南岳，称南岳尊者，在南岳有慧思一生岩、二生藏、三生塔，三世为僧之传说。他著作颇多，有《诸法无净三昧法门》《大行止观》《三智观门》《次第禅要》《法华经安乐行文义》等书。他的衣钵弟子为智顗，后为天台的开派祖师。另有新罗（今朝鲜）玄光，从师慧思后成为朝鲜天台宗先驱，其余弟子僧照、大善、慧成、慧耀、慧命、慧诵、智璀等各有成就，智璀有国师之称。

隋唐佛教在中国发展更盛，隋文帝统一南北朝后，即下诏在五岳胜地各修建寺院一座，并且恢复了在北周禁佛时期所破坏的寺庙佛像，还在当时的首都大兴城建了执行佛教政策的国家寺院——大兴寺。全国建了110座舍利塔，3792座重要寺院，度僧23万人，写经46藏328616卷，修理旧经3853部，营造大小石像1508940尊。

隋唐佛教义学盛行，大乘宗派林立，有智顗创立的天台宗、吉藏创立的三论宗、玄奘和窥基创立的法相宗、道宣创立南山律宗、法砺创立相部律宗、怀素创立东塔律宗；由北魏昙鸾开创，隋代道绰相继，唐代善导集成的净土宗；更有华严宗、密宗和禅宗。

四、小乘佛教

小乘佛教也有很多宗派，比较有名的是成实宗、俱舍宗，但在中国很快衰落了。中国的律学和唐代创始的律宗都曾以小乘律本为依据，大乘小乘在后来的佛教文化发展中逐渐融合了。

五、大乘佛教与南岳

大乘佛教八大宗派中在中国影响最大，法嗣最广的是禅宗，其祖师爷即菩提达摩大师，是南天竺国香至王的第三个儿子，他本名菩提多罗，因智慧通达，改名菩提达摩，是佛教二十七祖般若多罗的弟子，住南印度，其师灭寂后于公元 526 年来中土传法，借一苇渡江首到河南洛阳，下榻嵩山少林，面壁而坐，人不解其思，称"壁观婆罗门"，收僧人神光为弟子，后称慧可大师，是禅宗二祖，其后传三祖僧璨称鉴智大师，再传四祖道信大医，然后五祖弘忍大满。弘忍的弟子神秀和惠能分别创立了禅宗两大派系（即北禅神秀和南禅惠能两派）。神秀的偈语是：身似菩提树，心如明镜台。时时勤拂拭，不得惹尘埃。主张修禅诚心诚意消除杂念，后人称渐悟。惠能的偈语是：菩提本无树，明镜亦非台。佛性本清静，何处有尘埃！主张诚意正心，心即是佛，后来称顿悟。五祖弘忍后将衣钵传给了惠能，虽然他不及神秀出身书香门第，但悟性极高，领悟了禅宗真谛。惠能于广东建宝林寺（即现在韶关南华寺）弘法，后来其弟子怀让远走南岳，在般若寺（即今福严寺）静修顿悟法门。忽一日他见远道来南岳的马祖道一坐在石上打坐，并日复一日都是如此，他便拿起一块砖坐在边上不停地磨，终于分散了马祖的注意力，马祖问："磨砖作甚？"怀让答："磨砖作镜。"马祖说："砖岂可磨成镜？"怀让说："砖不能磨成镜，打坐岂能成佛？"并说，"牛拉车若停滞不前，是打牛还是打车？"马祖说："当然打牛。"怀让说："你现在明明是在打车。"马祖顿悟。故拜怀让门下。怀让共有弟子六人，曾告诉他们："汝等六人同证吾身，各契其一，一人得吾眉，善威仪（常浩）；一人得吾眼，善顾盼（智达）；一人得吾耳，善听理（坦然）；一人得吾舌，善谭说（严峻）；一人得吾心，善古今（道一）。"并嘱咐道："一切法皆从心生、心无所生、法无所住。若达心地，所作无碍，非遇上根，宜慎辞哉。"敕谥大慧禅师。

六人中马祖道一后成为禅宗最主要的宗派洪州宗的祖师。

马祖道一（733—742），俗姓马，又称道一或江西道一（今汉州什邡市马祖镇）人，谥号大寂禅师。在南岳师怀让十年后去江西做方丈，怀让圆寂后，他得其心传。于天宝元年（742）别南岳先去建阳（今福建建阳）佛迹岭，聚徒教化，开堂说法。唐大历（768—779）年间应邀到洪州（今江西南昌）开元寺（今佑民寺）说法，四方信徒云集洪州，使开云寺成为当时的佛学中心，此后便以洪州为中心开宗立派，创立了洪州禅。

马祖道一禅师门下十分兴盛，有"八十八位善知识"之称，法嗣139人，以百丈怀海、西堂智藏、南泉普愿最闻名。称洪州门下三大士，其中百丈怀海门下衍生了河北临济宗、湖南沩仰宗。

道一与师父怀让相比，怀让为静修僧，而道一是开门授法一代，他在江西影响很深，称洪州宗，与青原一系下的石头宗遥相呼应，自此南禅大盛天下。他引导修行者达到最高境界分三个阶段，即从"即心即佛""非心非佛"到"平常心是道"。

南岳另有石头希迁和尚（700—790），唐代禅僧，又称无际大师。曾投南禅惠能门下，受度为沙弥，惠能圆寂时尚未受具足戒，惠能临终时他跪拜榻前说："吾将何处去？"惠能说："寻思去。"后即前往吉州青原山静居寺，拜曹溪心法的行思门下，因机缘敏捷，得行思器重，有"众角虽多，一麟已足"的称誉，不久行思又命希迁持书往南岳再参曹溪惠能门下传人怀让，经受教后再回静居寺。后行思付法与希迁。唐玄宗天宝初年（742），希迁离开青原奔南岳，受请住衡山南寺（今南台寺），于寺东大石上结庵而居，故人称石头和尚，代宗广德二年（764）希迁应门人之请，下山住端梁弘法，和当时住江西的马祖道一并称当时两大士，希迁弟子众多，晚年付法药山惟俨，于德宗贞元六年（790）圆寂，享年 90 岁。

相传希迁读《肇论》至"圣人会万物己"一句，得到启发，认为其中"法身不隔自他，圆镜体现万象"之旨深有契会，故著有《参同契》，参同二字本出于道家，希迁取其意是为了发挥他以"回互"为眼目。参即指万殊诸法各守其位，互不相犯，其所谓同，意示诸法虽万殊而统于一元，以见个别之非孤立地存在，他倡导的"回互"则指万殊诸法间互不相犯而又相涉相入的关系。修禅者领会此旨，于日用行事则着着证验，灵照不昧，是谓之契。

　　希迁禅风再传到云岩昙晟（782—841），又提出了"宝镜三昧"法门，以临境形，影对显的关系，说明由个别上体现全体的境界。续传到江西宜春洞山良价（807—869），曹山本寂（840—901）师弟，后都朝这个方向发展，成为曹洞一派。希迁的禅法更经他的门下天皇道悟弘扬，到五代时在广东乳源又衍生云门和江苏南京衍生了法眼两派。惠能门下两百多年在全国各地产生了五大宗派，史称一花五叶，这是南禅的盛事，也使南岳声名远播。

　　曹洞、云门和法眼三家在传承上都源于希迁，希迁又源于怀让、行思。曹洞宗后来传到了日本，至今未衰，法眼再传也曾繁衍于高句丽，对于国内外的禅学界，怀让的思想影响相当深远。所谓一花五叶除沩仰外，数百年间都长盛未衰。尤其有临济临天下、曹洞曹半天之说。曾为北宋宰相的苏辙和宋代大书法家、诗人黄庭坚（山谷居士）都是临济宗法脉传人。原中国佛教协会会长赵朴初先生说："谈中国的佛教离不开禅宗，谈禅宗离不开南禅，说南禅离不开南岳……"因为，它是禅宗古今闻名的"五叶流芳"之地。

　　南岳衡山还是唐代佛教律宗三大中心之一，唐肃宗认为衡山毗尼戒律藏，惠开为首选，唐代宗为衡山大明寺选21僧人立戒律。在唐代有"言律藏者宗衡山"之说，登坛说法者有法证、日悟、惠开、希操等大师，南岳是当时全国佛教律学中心。唐代宰相李泌隐居南岳时与希操等往来甚密，南岳云峰寺是法证的道场，大明寺是惠开的道场，衡山中院是希操的道场。唐代大文学家、诗人刘禹锡为南岳律宗传人智俨撰《唐故衡岳律大师湘潭唐兴寺俨公碑》，唐代大文学家柳宗元撰《南岳般若和尚第二碑》，还为惠开撰《南岳大明寺律和尚碑》，足见当时南岳佛教律学之盛，与朝廷来往之密。

南岳也是净土宗的道场，唐代净土宗三祖承远大师，四祖法照都在南岳弘法。弥陀寺是承远祖师所建（即现在的祝圣寺），受其法者不下万人，唐代称般舟道场，朝廷敕封承远为国师，称南岳和尚。

四祖法照在衡山云峰寺精勤苦修，后于钵内见五台圣境，遂于五台山建竹林寺广弘净土法门，唐代宗在京城都可感应法照在五台山的念佛之声，后礼请入宫尊为国师，并教导五会念佛法，故又称五会法师。现在南岳净土法门乃盛。

唐代华严宗惟劲也在南岳修行。

宋代唯识宗高僧也是临济宗传人的慧洪，著名诗人，又称浪子和尚，也曾在 30 岁时来南岳拜访和修行。浪子和尚的得名是王安石的女儿读他的"十分春瘦缘何事，一搁乡心未到家"，突然感叹说："这是个浪子和尚。"

但当南宋偏安一隅时，江南佛教虽仍有盛况，可官方限制佛教的发展，除禅宗和净土宗外，其他宗派渐衰。元代统治者崇尚藏传佛教。汉传佛教只有禅宗，律宗仍继续流行。

明朝万历年后因有袾宏、真可、德清、智旭四大家的出现，进一步使汉传佛教对内融合禅、教、律宗学说，对外融通儒、释、道三家风气，提倡诸宗归净土，从此净土宗大盛，也深受士大夫的迎合和平民信仰，从此佛教更具有中国特色。

南岳在唐宋两朝应是中国佛教胜境，八大宗派有六派于此修行，足见其佛缘之深、影响之广、道法之盛、声名之远，现在依然多是净土宗、禅宗法脉居多。

佛教到了清初因非汉民族执政故仍又信行藏传佛教，对汉传佛教时而放宽时而打压，渐无起色。至雍正提出儒佛道并用而同体，并行不悖，提倡佛教各派融合，他亲制《拣魔辨异录》《御选语录》，提倡不问宗派异同，均应念佛，对近代佛教有一定的影响。乾隆时刊行了《龙藏》，并编辑《汉满蒙藏四体合譬大藏全咒》，对佛教的宗派融合和发展起到了一定的作用。清末杨文会、欧阳竞无、谭嗣同等有识之士受西欧和日本佛教思想研究的影响，且谭嗣同将佛学融入自己的《仁学》，同时有月霞、谛闲、圆瑛、太虚、弘一等大师的出现，佛教又产生新的气象。

抗日战争时期国共合作，两党在南岳举办抗日游击干训班，虽然是以蒋介石、白崇禧、陈诚、汤伯恩为领导，周恩来、叶剑英没有担任重要职务但起到了重要作用，南岳佛教在周恩来"上马杀贼、下马学佛"题词的倡导下出现僧人积极参与救亡图存的抗日活动，当时也有佛教徒提出异议，认为杀生违反戒律，但周恩来不但是饱读诗书的儒家，也是佛家弟子，为了方便地下工作，他是当时虚云老和尚的皈依者，更是当时清末民初中国七大武林高手天津韩慕侠的门徒，而且会道家的形意八卦拳。一个集儒释道于一身的高手对自己的题词解释说："阿罗汉的第一个汉译是'杀贼'。不杀除烦恼之贼就成不了阿罗汉。我写的是'杀贼'，不是'杀人'，这个贼当然是指佛教中不能容忍的歹徒。现在日本强贼正在大批杀我同胞。我们不把杀人的贼杀掉，怎么普度众生？这是善举，杀贼就是为了爱国，也是为佛门清净。你们出家人只出家没出国，所以同样要保国爱国、抗战就是杀贼，杀贼就是抗战爱国。"叶剑英同时作了《普度众生要向艰难的现实敲门》的讲话，并将巨赞法师和上封寺的知客演文商讨组织"南岳佛教僧青年救亡团"改称"南岳佛道救难会"。1939年4月23日在南岳大庙圣帝殿前坪各寺观的和尚和道士数百人在游击干训班的组织下召开了抗日救亡动员大会，并组织了南岳佛道救难协会，公选上封寺宝生和尚为会长。祝圣寺方丈空也、南台寺方丈悟真、三元宫住持刘光斗为副会长，巨赞、暮笳推为宣传股正副股长，上封寺演文为训练股长，明真任文书股长，曼慈任事务股长，灵涛任秘书长。他们不但宣传抗日，而且组织一百多人的抗日队伍参与抗日。这在中国历史上影响深远，南岳也成了当时宗教人士组织的抗日运动的典范。

南岳佛教为整个中国佛教引领了潮流，丰富了佛教文化，也丰富了南岳的人文，增加了南岳历史的厚重。

新中国成立之始佛教尊崇共产党的号召，支持土地改革，支援抗美援朝，组建了南岳佛教互助组、南岳佛道农业生产合作社，广大僧民发扬百丈禅师"一日不作、一日不食"的精神，开垦茶场，培植果园。1956 年 4 月成立了南岳佛教协会，曼慈是第一任会长，同年 5 月曼慈到中国佛教协会学习受到朱德副主席和周恩来总理的接见，之后出访锡兰。

南岳佛教界人士在中国佛教近代占有一席之地。巨赞法师和明真法师担任了几届中国佛教协会副会长和中国佛学院副院长。曼慈法师、明真法师、宝昙法师、大岳法师均担任过湖南省人大代表。惟正法师担任过湖南省政协委员及常委。大岳法师担任过全国人大代表，在南岳福严寺接待过时任总书记江泽民同志及其他国家领导人。

近年在南岳区的协助下梳理出版了许多佛教寺庙文集，如《南岳大庙》《大善寺志》《上封寺志》《福严寺》《方广寺》《祝圣寺》《南岳名刹》《南岳梵音》《南岳衡山》《名僧史趣》《十年磨一镜》《天下南岳佛教圣地》《南岳佛教抗战文献汇编》，尤其出版了《南岳佛教史》。

南岳佛教这些年得益于改革开放后宗教政策的引领，

逐渐步入了与国家相向而行的轨道。并逐渐修复了南岳庙西八寺、山顶祝融殿、南台寺、福严寺、广济寺、老圣殿、大善寺、香山寺、湘南寺、五岳殿等。

中国佛教能长期传承不单是其哲学思想还得益于与儒家、道家三教思想的融合所形成的传统文化，佛教思想的精神实质真正了解的人并不多，盲目崇拜的人不在少数，其真实意义究竟是什么？

六、说 佛

释迦牟尼创立佛教距今约 2600 年，他预测正法时期 500 年、像法时期 1000 年、末法时期 1 万年。应该说早已进入末法时期了，所以佛教在印度早已衰落，被印度教所取代。佛教从东汉逐渐进入中国，盛于隋唐，当时宗派林立，后来融合成八大派系，现在除了藏族密宗仍有繁衍外，汉密消亡了，八大宗派有禅宗和净土宗仍盛，包括玄奘法师创立的唯识宗及其六大宗派已经衰落。净土宗和禅宗因其教义简单而被传承下来，它们随着其他文化思想不断繁荣，两宗也在不自觉地融合，人们追求的是易简易懂易学易修，越难越复杂就像阳春白雪，和者甚寡。但要易懂仍有难度。

如禅宗《金刚经》与《心经》说："佛是觉悟的心。"何为觉悟？"若见诸相非相，即见如来。"这就是觉悟。何为"诸相非相"？那就是"色即是空，空即是色"。

色空无异，其实用现在的语言是很容易说清楚，佛讲的规律是因果学说，世间万事万物都逃不出这条规律。不只佛家发现了，中国的道家、儒家更早发现此道理，而且对其变化能用公式演算出来，知其因，并能预测其未来之果，这就是《易经》。《易经》的核心是太极，主要元素是阴阳，它与佛说的色空完全一样。"色即是空，空即是色，色不异空，空不异色。"比如水烧开后会化为蒸汽，但蒸汽冷却后还是水，蒸汽与水本质上没有区别，只是物质状态暂时的变化，由看得见变成看不见，但冷凝后仍回归于水，所以说"色即是空，空即是色，色不异空，空不异色"。四者说的就是色空无异，但没有讲变化规律。王夫之说的"太虚一实"就是此意，但不同的是他讲了变化规律是"聚则成形，散则为气"，也就是色与空的变化。中医的"阴成形、阳化气"也同理，文王姬昌与孔子说的形而上之"道"与形而下之"器"也是名异而理同，权当是文化不同，表述方式各异。其实古人所见略同，但人们所希望的是要将复杂的问题简单化。

佛应是哲学观念信仰，不是像对帝王的情感崇拜，彰其功，寄其望，认为永远都能保国泰民安，因为帝王的责任是国家兴旺，百业兴隆，民生安泰。但佛并不能保人们高官厚禄、财源广进、世代荣昌、婚姻美满、福体康宁。因为其一开始从内到外，从教义到宗旨根本没有设计这种功能。如果某人告诉你可以，那绝对是骗你的。但唯一可以相信的是要慈悲为怀、会善有善报。佛告诉你因果轮回善恶昭彰，不是不报，可能时间未到。也告诉你尊重一切生命，包括胎生、卵生，众生平等。这是敬畏，也是佛教的生命与精神，因为万物有灵，什么是"灵"，灵是不会消失的魂。它会"变"，比如一种物质消失了，可能另一种物质会出现。一个生命消亡了，另一个生命又会诞生，一些东西增多了，就会有一些东西减少。自然界时刻都在保持一种相对的平衡，这是轮回，也是佛学的精髓。

第五节　佛教与人间

佛教产生于人间，离不开人间，活动在人间，也惠顾于人间。南岳是佛教较早光顾之地，曾经名僧辈出，国师接踵。有"僧海""祖源""天下法院"之誉。南朝慧思"定慧双开"的止观法门开南岳传法之先河；怀让、希迁传南禅宗风；北禅明瓒布渐悟法门；承远、法照有"南极海裔、北自幽都，来求厥道"之盛。

佛教在南岳根基之深，影响之广，世人皆知。因为自古以来由于文化的落后以及利益的驱使佛就被蒙上了一层神秘的面纱。有人说是哲学，有人说是迷信，也有说是文化。文化是人们在认识自然、认识社会时产生了矛盾，为解决矛盾而萌生的想法，也就是思想。

一、佛与佛教

佛是一种精神，是一种觉悟，这种觉悟的最高境界是性空、慈悲、无我、利他。佛不一定在寺庙，人人都有慧根，人人都可成佛。

佛不是乔达摩释达多，而是释迦牟尼。这两个名字虽是同一个人，但只有释迦牟尼才是释氏家族有了觉悟的圣人才能称佛。

佛教是一种哲学，是一种文化，是古印度迦毗罗卫国净饭王的儿子乔达摩释达多19岁走出皇宫后见到了现实社会中人民的苦难，特别是看到了一位奄奄一息的老人使他感到震撼，非常不明白人为什么会有生老病死，他后来在菩提树下冥思终有所悟，为了使众生都能了解宇宙人生的真理和规律，超脱生死轮回的苦海，消除对死亡的恐惧，决心以自己所悟的知识普度众生。他门下拥有500弟子，最有成就者是摩诃迦叶、舍利弗、目健连、须菩提等10人。

二、佛教进入了中国也进入了南岳

魏晋南北朝是佛教传播发展最兴旺的时期，因为人们对佛教宣传能脱离苦海有共鸣，再一方面佛教融合了中国传统的道家儒家思想。故南怀瑾先生说，儒家是粮店，道家是药店，佛家是杂货店，这并非贬义，因为佛教吸收了中国多家文化，适合社会需要。佛教兴旺的标志是从北魏开始，北朝修建了工程浩大的甘肃敦煌莫高石窟，天水麦积山石窟，山西云冈石窟，河南洛阳龙门石窟。

佛教进入南岳正是这一时期的南朝梁代，因为开国之君萧衍即梁武帝笃信佛，并三次出家为僧。在他的带动下全国大兴佛教，提倡素食，僧人都得吃斋，由忌葱蒜之荤改成忌食鱼肉之腥。自此苦了天下僧尼。

首来南岳的是南梁的惠海、海印、希遁等尊者，最早建的寺庙是方广寺、云龙寺、伊山寺。

南岳佛教著名的开山祖师即慧思尊者，世称南岳大师。慧思通过禅定（外离相为禅，内不乱为定），以定生慧的定慧双开止观法门奠定了天台宗的基本思想。慧思一生著作颇多，其思想理论将中国佛教带入了一个新的境界，他被陈宣帝多次召入皇宫讲经说法，引起"举朝瞩目、道俗倾仰。"并被尊为国师，自此南岳佛教也进入了兴盛时期，从南北朝至隋代以惠海、慧思为首出现了 18 高僧。隋代最著名的事件是隋文帝把南岳作为全国三十个州之一赠与舍利并诏建舍利塔。

进入唐代后南岳更是高僧辈出，且多与达官贵人往来密切，尤以禅宗法脉昌盛，首推怀让，他谨遵禅宗"教外别传，不立文字，直指人心，见性成佛。"

三、佛教与中国传统文化

中国传统文化起源于道学，根源四千七百多年前中华人文初祖黄帝，形成于两千五百多年前的老子，谓黄老道学，后有儒学及诸子百家。从汉武帝罢黜百家，独尊儒术后，以儒治国得到运用。

儒家文化的核心是"仁"。道家文化的核心是"德"。佛家文化的核心是"慈悲"，三者的思想主张是一致的，即仁义道德、慈悲为怀。

集道法儒三家思想的管子提出"以民为本"，儒家亚圣孟子："民为贵，社稷次之，君为轻。"由仁而致仁政。

道家老子说："圣人无常心，以百姓心为心。"

佛家提倡众生平等，以慈悲普度众生，解一切苦厄。《无量寿经》云："佛心者，大慈悲是，以无缘慈摄诸众生。"还说："慈悲为万善之基本，众德之伏藏。"

足以说明三家文化都缘起于为天下百姓与众生的民生情怀。施之百姓众生以仁、以德、以慈悲。足见儒释道三家文化思想的相同性。

再从三家文化对宇宙自然及社会的认识看其相同点，

孔子在《十翼·系辞上传》说："形而上者谓之道，形而下者谓之器，化而裁之谓之变，推而行之谓之通，举而错之天下之民谓之事业。"这里是说在有形器物之上的是"道"，这个道其实是看不见的，是该器物的来源，但它是一种能量，是可以化裁流通变化的，用这种变化的规律告诉天下之人民，施惠于百姓这是一种事业。这是儒家对自然规律的认识。

《道德经》第一章："道可道，非常道；名可名，非常名。无，名天地之始，有，名万物之母。故常无，欲以观其妙；常有，欲以观其徼。此两者，同出而异名，同谓之玄，玄之又玄，众妙之门。"

这里的"无"是看不见的，但天地是从这个无中变化来的，说明"无"也是一种能量。"有"是有形的物体，是看得见的世间万物，是从无中变化而来的，即无中生有。有在"玄"中也会变化成无，无与有的变化非常玄妙，无与有其实是同一种物质，只是名称不同，故同出而异名，这种变化根源于奇妙之门。

佛教《心经》"色不异空，空不异色，色即是空，空即是色。舍利子，是诸法空相，不生不灭，不垢不净，不增不减。"

这里的"空"照样是一种看不见的物质或能量，"色"则是看得见的有形体、有颜色的物体。但这两种物质并没有什么区别，色就是空，空就是色，实质也是同一种物质，其互相变化但总量不会增加或减少，既不会凝聚也不会失去，既不会生长也不会灭失。

综上所述，无论是儒家的道与器，道家的无与有，佛家的空与色，都是认识宇宙自然规律的表述，只有使用文字的差别，没有本质的不同。道与器、无与有、空与色其实是互相转换的同一种物质，就是能量与功能的转化。

唐末道教的一代宗师陈抟的太极理论被北宋周敦颐继承后画出无极生太极（两仪），两仪生四象，四象演五行木火土金水，化五气而朝元的理论图，其中的无极就是能量，也许就是中国古人说的盘古。是比利时的天文学家和宇宙学家乔治·勒梅特，1927 年提出宇宙大爆炸理论中未爆炸前蕴藏着巨大能量的胚胎。爆炸后就有了太阳系、银河系和至今未知的百分之九十多的奇妙现象。也是北宋儒学大家张载说的气本论中的"气"，是王船山"气一元论"中的"气"。

中国有一部称为群经之首的《易经》，其中的阴阳就是佛学的色与空，其变化就是中医说的阴成形、阳化气。但两者的成形与气化有一个先决条件，就是阴阳交合。因为"孤阳不生、孤阴不长"，只有交合经母体之因缘形成胚胎，就会成为具有生命的能量体。世间万物都源于此。

其实佛教说的空是真空妙有，空中有看不见的分子、原子、离子、质子、电子、中子、粒子和奇妙的暗物质。这些通过因缘聚合都可以形成看得见的物体。但看得见的物体在某种因缘离散灭失后又会变成上述物质，所有物体解构后最终都是粒子，桌子化为灰烬后，其粒子依然存在，包括人也是由粒子组成，死亡后也会化成粒子，各种物体的粒子在宇宙间永不灭失。随着量子物理学的发展，认为量子力学的坍缩、叠加、纠缠理论可将粒子在量子纠缠中不受时间与空间的限制，不管千里万里千万里，它依然可以重组。这就不难解释空即是色，色即是空，空不异色，色不异空的原理了。

佛教文化与中国的儒学、道学很多思想观念是一致的，如不杀生、不偷盗、不邪淫、不妄语、不饮酒的五戒与儒家的仁、义、礼、智、信五常完全一致，孔孟许多语言论述五常与佛教五戒是相同的。

佛教是一门很深奥但又符合自然规律的学问，《金刚经》及其浓缩的《心经》有着博大精深的内涵，从无明到老死中的十二缘起非常复杂，但要将复杂的问题简单化，如《金刚经》虽有5130个字，其实只是从不同层面、不同角度反复论述了"性空"二字。《金刚经》最后说："一切有为法，如梦幻泡影，如露亦如电，应作如是观。"说明佛陀认为我们看到的现实世界都是梦幻，两千多年前古希腊的伟大哲学家柏拉图也认为现实世界只是理念世界的影子，因而是不真实的。人与人之间的慧根、悟性、灵感有着巨大的差别，不是任何人一点就通，这些都被现在很多研究佛学与科学的许多学者用简单而常见的语言和例子作了诠释。

综上所述，佛教并不是迷信。恩格斯早就说过："辩证法最初来源于佛教。"马克思也说："辩证法在佛教中已达到很精细的程度。"

佛教传入中国后，由于与中国传统文化对宇宙自然的相同认识，对改造人性、改造社会的共同理想，对服务人民觉悟众生的共同愿望。因此与儒家文化、道家文化成了中国传统文化的三大体系。佛教在印度的信徒已经微乎其微，之所以在中国还有生命力，是因为与中国传统文化融为了一体，虽名异但理同，故称中国佛教。

在中国历史上要求儒释道三教合一的有南朝梁武帝、唐太宗李世民、明太祖朱元璋、清世宗雍正胤禛。并各有其融合的理论。

隋朝儒家提出三教合一，倡尊道、礼佛、从儒。唐代德宗朝宰相李泌在南岳将儒释道三教融合，并在福严寺后石壁上题"极高明"三字，源自"极高明而道中庸"，中庸就是"和而不同""道并行而不相悖"。明末将大庙辟出东八观、西八寺就源于朱元璋的要求与李泌在南岳的著作《养和篇》《明心论》。著作虽然散失，推测极高明而道中庸应该就是《养和篇》的注脚，因为中庸就是和合文化，和谐是南岳文化的最大特点。《明心论》应该就是来源于佛教的明心见性。

北宋周敦颐将儒释道三教融为理学，剔除了汉代董仲舒将儒学改造成君权神授的官本位理论，还原为孔孟以民为本的伦理学说，所以张载说："是继千年之绝学。"后面理分四家，即程朱"理本论"，张载的"气本论"，胡安国胡宏父子"性本论"，陆九渊、王阳明的"心本论"。四者有客观唯心，也有主观唯心和朴素唯物。

佛学的明心见性在周敦颐的理学中占有了重要的地位，因为周敦颐与临济宗黄龙系常聪关系密切。王阳明的心本论多源于禅学，故被明末清初儒学三大家黄宗羲、顾炎武、王船山提出了异议。其实任何一种思想文化的兴起都为解决当时的社会矛盾发挥了一定的作用，但随着社会发展是否再适用，要在社会实践中去证实。学术思想都受时代的局限，思想认识不一定切合新的社会发展需要，有些学术被统治者用于科举，偏离了民本思想。

佛教道教自身也不乏宗师要求三教合流的。宋代释道济有："道冠儒履佛袈裟，和会三家作一家。"道教全真派宗师张三丰也主张三教合流，并认为三教同此一道，"儒离此道不成儒，佛离此道不成佛，仙离此道不成仙"。说明三教源于一道，三教源于一理。这就是佛教与中国传统文化的关系。

四、佛在人间

佛并不是坐在神台上，不是庄严殿宇，辉煌佛像，其实佛在人心。神龛中的佛像那是一种仪式，是为了时候提醒信徒牢记在心的信仰，但不要依此作形式，不是膜拜了就是尊敬，守戒了就是修行。

有一则小故事，和尚领着小徒弟在小河边看到水流湍急，有一位姑娘正在惶恐不敢过河，和尚毫不犹豫地背姑娘过河了，走了几里地后小和尚终于忍不住问师傅："不是出家人不近女色吗？"师傅说："我把她背过河就放下了，你怎么现在还没放下呢？"这说明了出家人的无畏布施和不执着于相，以及佛的救赎与利他体现在人间的每时每刻。

2008年5月12日四川省汶川发生了8级大地震，近8万人丧生，伤亡惨不忍睹，什邡市妇幼保健院40名产妇走投无路，紧急关头，院长桂逢春想到了不远处的千年罗汉寺，因为那是一座木结构的寺院，没有遭到大的破坏，但佛门清净之地又不敢去冒犯，在无计可施的情况下最后还是去找了当家师。令她没有想到的是说明情况后住持素全法师二话没说就同意了，他说任何忌讳都不重要，见死不救才是最大的忌讳。当即排除一切干扰，召集僧尼集会，提出三个无条件，一是无条件接受所有孕产妇；二是无条件打开寺庙库房，所有物资供灾民使用；三是无条件为产妇提供需要的物品。为了孕产妇的营养，允许在寺庙杀鸡煮肉，确保每一个孩子顺利降生。僧人们蹲墙角过夜，把所有的房屋腾出来供孕产妇和医务人员使用，连给菩萨遮灰的伞都拆了供医疗使用，屋外大雨滂沱，余震不断，庙内暖意融融，婴儿啼哭阵阵，在庙内共出生了 108 个婴儿，刚好对应了庙内墙壁上的 108 罗汉像，后来这些小孩都称罗汉娃。而且庙内一段时间曾涌进了三千多灾民，为了大家能用上热水，锅炉都烧坏了三个。

这个真实的故事被导演孔嘉欢拍成了电影《一百零八》，但素全法师坚持不能提他的名字，这就是人间真佛。是大仁大义、大慈大悲、救苦救难。堆上再多的溢美之词都嫌不够，任何形式的禅定、跪拜、守戒在这种现实的慈悲面前都显得苍白无力。

佛不是庄严庙宇中的辉煌佛像，是人之本性的慈悲。该罗汉寺在抗日战争时期就有爱国僧人，佛学泰斗太虚法师组织僧人参与抗日救亡，51 位僧人加入远征军前往印度，最后都英勇赴难。应该说僧人首先是人，是有血有肉的中华儿女，但他们敢于为国为民赴死就是觉者，就是佛，他们的精神无不令人景仰。

禅宗六祖慧能说："佛法在世间，不离世间觉。离世觅菩提。恰如求兔角。"佛教离不开人间，人间也需要佛教精神，上世纪30年代太虚法师提出人间佛教的观念说明是真正明白了佛教的真谛，原中国佛协赵朴初先生也反复倡导人间佛教，其实佛教离开人间不可能延续和传承。僧人的衣食住行事事离不开芸芸众生，一切供养都有赖于施主，若要普度众生就少不了法布施，要将佛的精神教化众生。佛居庙堂之高能忧其民，民处江湖之远必忧其佛。

佛教思想不能全靠禅定的闭门孤独冥思就能想出来，关键要靠接近民间、接近众生，通过实践活动感悟才能得出真谛，四书中《大学》的八条目是："格物，致知，诚意，正心，修身，齐家，治国，平天下。"格物就是观察接触事务，也就是实践，只有先格物才能致知，就是现在说的实践是检验真理的唯一标准。释迦牟尼19岁以前深居皇宫什么都不知道，只是走出皇宫后感受了众生敝衣粝食的无辜，生老病死的无奈，30多岁后立志寻求帮助众生解脱苦难。没有接触社会实践单靠冥思苦想不可能成就一位圣人。

佛教是中华文化的组成部分，中华文化是在社会发展中根据时代的需要不断创新的，任何文化都要随着时代的发展而发展。佛教的思想要进入社会，得到众生的认可才是真谛，任何一种文化来源于社会，也应服务于社会，才有生命力，脱离社会的文化必会枯萎。

南岳自古以儒释道三教相融著称于世，希望永远能和谐共生，互相探讨，寻找更深层次的理论，造福中华民族甚至全人类，解决当今世界的社会矛盾，功莫大焉！

在《展望二十一世纪》中，英国近代被誉为最伟大的历史学家汤因比先生说到：只有儒家文化和大乘佛教才能救世界。为什么？因为西方文化的二元对立是一种斗争哲学，他们的观念非好即坏，非友即敌，非左即右，党同伐异。

中国传统文化是孔子"和而不同"的君子之德，是《中庸》"万物并育而不相害，道并行而不相悖"的和合精神，是主张多边主义，反对单边主义与霸权主义引起世界共鸣的中华文化，是一带一路，引领世界共同进步、共同富裕的合作和谐共赢。这是中华民族的文化自信。习近平总书记说："文化自信，是更基础、更广泛、更深厚的自信。"如果中国传统文化能取代二元对立的西方斗争哲学并占领世界舆论阵地，将引领全球走向繁荣富强。

第六节　南岳怪僧

　　谈南岳怪僧就绕不开一个人，即所谓南岳宰相或南岳道人李泌，他在南岳衡山隐居了十二年。李泌七岁能文，幼通黄老列庄学说，开元十六年（728），受唐玄宗李隆基召见，得玄宗与宰相张九龄赏识，玄宗要他陪太子（肃宗）李亨读书，令其待诏翰林，为东宫属官，安史之乱后，玄宗逃往巴蜀，肃宗即位灵武，召李泌参谋军事，李泌建议肃宗取范阳而大败安禄山，安史之乱平定后，他遭宰相元载忌妒，只好遁隐南岳，成为第一个钦赐隐士。十二年后又被唐代宗召回，任命他为翰林学士，后因宰相元载获罪被诛又被新任宰相常衮挤去地方任职，直至德宗贞元三年（787）才被正式拜相，贞元五年（789）三月二日病逝。李泌可以说是唐中早期四朝元老，在肃宗、代宗时都权逾宰相。

　　李泌在南岳曾随道教上清派名道元和先生张太虚精研道学秘文，又与佛教北禅怪异的懒残和尚交往甚密，也与律宗传人、南岳衡山中院的希操禅师频繁往来。

一、李泌夜访

李泌精通音律，他常听其端居室旁有僧人晚上诵经声音朗彻，通过打听知其是一个行为怪异的僧人法号明瓒，外号懒残，是唐代天宝初年进入南岳在衡岳寺的执役僧，因其性懒，不拘小节，总是将众僧食毕后的残羹收拾煮热后再食，所以称懒残，晚上睡牛棚与群牛为伍，且二十多年如一日，经常被众僧嘲笑，大家都对他不屑一顾。

忽一晚李泌闻懒残诵经时而凄婉，时而喜悦可能是在喻示自己的境遇，于是深夜造访，他见僧后匍匐跪拜，懒残并不理睬李泌，只管自己在牛粪火中煨芋头。遂将自己吃剩的半边残芋递给李泌说："慎勿多言，领取十年宰相。"再不语，李泌起身叩谢告退。

二、神僧懒残

忽一日江南刺史准备祭拜南岳，安排人工修一条登山的磴道，却遇半夜雷雨大作，暴雨倾盆，次日发现泥石流导致高山巨石滚下挡住了刚修完的道路，人们牵来一群牛掇住巨石再打牛，用群牛合力拉动，结果纹丝未动，又招数十人喊着号子推也无动于衷，正当一筹莫展之时懒残和尚来了，他笑着说："何必如此啰唆，我来把它推开。"众人一见是他都笑了，是一种不相信的讥笑，心里都在默想这个人可能是傻子或疯子，但见懒残伸出双手竟然把石头扳动了，后见其用力一推石头滚落数十丈之外。众人目瞪口呆，于是纷纷礼拜懒残和尚，尊他为"至圣"，当地太守更是将他奉若神明。

懒残明瓒禅师从此声名大振，唐德宗听说后派使者来南岳请其入京，正当寒冬，送诏书的使者见懒残鼻涕下垂到胸前，样子十分难看，便笑着说请他把鼻涕揩掉再接诏。懒残却说："我岂有空闲工夫为俗人拭涕？"使者不悦，再不说进京一事了。

懒残禅师所住的衡岳寺从来都很太平，可有一段时间常有虎豹来搔拢伤人，寺僧束手无策，懒残却说："给我一根竹杖将其赶走。"众僧议论着，认为大石头他都能推走，驱赶虎豹应该毫无问题。众僧跟在后面等着看究竟，谁知刚一出门懒残就被一只白虎叼走了，从此，再也无人见过懒残，但寺周围再也没有见过虎豹的踪迹。

三、顺其自然

自然即佛，懒残和尚悟道有其独到的见解，那就是顺其自然，天下本无事，不必自扰之。在他的《乐道歌》诗中写道："兀然无事无改换，无事何须论一段。直心无散乱，他事不须断。过去已过去，未来更莫算。"

从他的诗中看出修佛的道理就是顺其自然，重在内心修持，不在于追求形式，自然即是佛，不必刻意为之，与怀让和尚点化马祖道一的佛教思想一脉相承，也与道教的无为而治异曲同工，由此看出李泌能融儒释道于一身并非偶然，而是精通禅宗理义。

四、有容乃大

懒残明瓒是北禅神秀门下弟子，是一位有大智慧的人，所谓大智若愚，他淡泊功名利禄，对别人的讥讽嘲笑都司空见惯不予理睬，自己心中却有坚定的信念，他心中对佛教的理解是："若欲度众生，无过且自度，莫谩求真佛，真佛不可见，妙性即灵台，何曾受薰炼。"这正是禅宗法门。

任何有信念的人如果要想实现自己的理想必定要有宽

大的胸怀，要排除一切讥讽、忌妒、引诱、干扰才能到达彼岸。懒残为了一种正觉，可以抛弃凡人的欲望，容忍所有的鄙视和排除所有的诱惑，甚至舍弃尊严，这不是一般人能修成的。正如达摩祖师告诉弟子说："佛有无上妙道，须旷日不懈、勤勉精进、行难行之事、忍难忍之情而修得，岂以小德、小智，轻慢之心，就想得到真乘，徒劳勤苦。"

五、欲求真佛

佛教修持的终极目标是成佛，但这是一条艰辛的路，禅宗修行方法即六波罗密：布施、持戒、忍辱、精进、禅定、般若，也称六度。要成佛就得无我，做到无私念、无妄想，脱离善恶、是非、得失，达到外不着相，内不动心。

欲求真佛重在持戒，不杀生、不偷盗、不邪淫、不妄语、不饮酒，戒除贪、嗔、痴、慢、疑五毒。懒残明瓒就是在朝着成佛的路勤勉精进，行难行之事，忍难忍之情，以达到明心见性，以求真佛。

第七节　雍容大雅的南岳

1937 年曾任中山大学校长的邹鲁来南岳题了"雍容大雅"四字，刊刻在开云亭旁路边石壁上，小序有"今春小居黄山，顷漫游九华、匡庐而至南岳，觉其俊奇秀美，诸山各有大观，而雍容大雅，惟南岳足以当之"。雍容大雅不仅是形容这座山的秀、奇、峻、拔，更是几千年来积淀在这座名山的文化，它有着不同任何名胜的独特韵味，核心是包罗万象容天下难容之雅量，融合百家之奇特，而形成了博大精深、底蕴深厚的文化根基。

南岳大庙容儒、释、道三家于一堂，可谓一奇，既是派别融合，更是文化融合。中轴线正殿供奉南岳圣帝，两边有六部尚书，另有护卫金、吴二将，后面有寝宫，前面有御书楼，存放有历代帝王拜寿与祭祀南岳的匾额。南岳圣帝是方岳之神，是远古先人对东、西、南、北、中五方封禅祭祀之地，是中华汉民族的五方图腾。从汉武帝"罢黜百家，独尊儒术"之后，近两千余年的君主专制均以孔孟之儒家文化作为治国之道，世代传承。方岳文化均以儒家为主导，所以称帝者居中，以突显九五之尊的地位。由南岳宗教局文物管理处主管。但南岳圣帝庙又同时东有八个道观：铨德观、纯阳宫、寿宁宫、三元宫、仁寿宫、清和宫、万寿宫、玉虚宫，供奉着道教尊崇的神仙羽客，这些宫观由道教人员主持。西面建有八个佛寺，供奉着佛教的西方三圣等佛祖的金龙寺、天堂寺、忠靖王殿、老南台寺、关圣殿、观音殿、云峰寺、崇宁寺、化城寺，这些寺庙由佛教人员主持。

能聚儒、释、道三家于一庙，可能在中国较为罕见。能有此奇观，皆因南岳曾有此奇人。

《资治通鉴》载，唐肃宗至德二年（757）"李泌归衡山"，到代宗大历三年（768）"上诏李泌于衡山"，李泌在南岳一直隐居了12年。据《邺侯外传》载，李泌在南岳"服气修道，周游名山"，又饱读《六经》，尤其对《易经》研究有较深造诣，从其诗《长歌行》《咏方圆动静图》中可见端倪。他精通儒学、道学、佛学，能将三者融会贯通，形成他自己独特的思想和智慧，并著有《明心论》《养和篇》。曾在南岳福严寺后面的石壁上书写了"极高明"三字，后来此处被称为"高明台"，当时福严寺僧人为其作冠对乃"高无见顶相，明不借他光"。这一理解与李泌原崇奉的儒家学说："高明者，天地。"一脉相承。极高明语出《中庸》："故君子尊德性而道问学，致广大而尽精微，极高明而道中庸。"

李泌一生在唐代四朝为官，唐天宝中，自嵩山上书论施政方略，唐天宝十年（751），被唐玄宗李隆基赏识，令其待诏翰林，并陪太子李亨读书，为东宫属官，因写诗讥讽宰相杨国忠，后遭杨国忠忌恨，只好归隐中岳嵩山的颍阳。公元 755 年安史之乱爆发，唐玄宗李隆基往巴蜀逃亡（今四川成都），次年（756）他儿子李亨在甘肃临武即位，改年号至德，肃宗想起儿时陪他读书的伙伴李泌，遣使召回李泌，所有事情的决断都咨询李泌，李泌向肃宗建议欲平安史之乱须先取范阳（今河北省涿州市），结果应验。为击败安禄山立了大功，深得肃宗信任，待长安、洛阳两京收复后，大局初定，因遭宰相忌妒，李泌要求遁隐南岳，肃宗一再挽留，李泌称："臣有五不可留：臣遇陛下太早，陛下任臣太重、宠臣太深，臣功太高，亦太奇，请陛下听臣之言免臣于死。"李泌在朝与肃宗可以说出同辇，食同桌，左右不离，虽封官不受，却权逾宰相，故肃宗总以先生相称。至德二年（757），李泌最后的要求是枕天子膝睡一觉就心满意足了。忽一日两人酒后肃宗扶李泌睡其膝上，后颁诏赐予三品俸禄、隐士服。肃宗至德二年（757），李泌成了南岳第一个钦赐隐士，肃宗还为其在南岳烟霞峰下兜率寺旁建端居室，李泌从此潜心研究儒、释、道三家思想的精髓，人称南岳宰相。时年仅35岁。

直至唐代宗李豫即位的大历三年（768）又诏李泌于衡山，时李泌已47岁，在南岳隐居12个年头，他往来于佛道之间增进两者的交流、沟通、思想理念的融合起了重要作用。

李泌隐居其间，玄宗、肃宗相继驾崩，新继位的代宗是李泌当年特别加以保护的广平王李豫，代宗召李泌回朝任命为翰林学士，先让他住宫中蓬莱殿书阁，接着在长安光福里赐其府邸，强迫他吃肉，为他娶李晔外甥女为妻。但宰相元载认为李泌不肯依附自己，留在朝廷迟早是一个潜在的威胁，千方百计以江南西道缺判官之职将其挤走。代宗暗地嘱咐："先生将就一下，外出走走也好。"

大历十二年（777），元载犯罪伏法，代宗立即召李泌还京，准备重用，但又被新任宰相常衮所忌，再次设法放任楚州刺史，李泌推辞不任，代宗留其在朝，适逢澧州（今湖南澧县）缺职，常衮极力陈述南方穷困，李泌有才可请其前往治理，代宗无奈，只得授李泌为澧、郎、峡三州团练使，后迁任杭州刺史，但李泌所到之处都政绩卓著，尤在杭州任上引西湖之水作六井，民足于水，解决了海水咸苦，民不聊生之状，遂井邑日富。

李泌是唐朝玄、肃、代、德四朝元老，但他一生崇尚老庄之道，不慕功名富贵，在肃、代两朝不愿受宰相之封，且远离是非，两朝之间常年隐居南岳。他在代宗时与皇太子李适也交往甚密，常交游或议论军国大事，故德宗李适非常欣赏李泌的为人与处事。建中四年（783），泾原兵变时，德宗避难于梁州急诏李泌，授以左散骑常侍之职，令在中书省值班，以便随时应德宗召唤，受到朝野普遍关注，由于李泌的果敢与决断，德宗终于坚定了平叛的决心，最终平息了李怀光的叛乱，这次平叛不仅捍卫了朝廷的尊严，也捍卫了民族的尊严，维护了国家的利益。贞元三年（787），德宗正式封李泌为宰相。贞元五年（789）三月二日，李泌病逝，享年68岁，德宗追封他为太子太傅，并厚葬。清代康熙六十一年（1722）李泌与历代功臣四十人得以从祀历代帝王庙。

李泌在唐中期的内政、外交、军事、经济等方面功勋卓著，为玄、肃、代、德四朝帝王父子之间，家室之间调停殚精竭虑，善于协调统治者党派之间的矛盾，在平叛中反对妥协与割地，正气凛然，作风果断，说服回鹘称臣于唐朝，使唐德宗与回鹘和好，李泌具有传统儒家士大夫的无畏与死节精神。德宗立李诵（即唐顺宗）为太子，太子妃的母亲郜国公主犯蛊媚罪被幽禁，于是德宗以此欲废毫不知情的太子，李泌则态度坚决并数十次劝谏，德宗说："卿违朕意，不顾家族邪？"拿灭族威胁李泌，而李泌态度更坚决："臣衰老，任宰相，以谏而诛，分内也……"最终德宗在李泌的劝谏下，作出了理性的决定，放弃了废太子的初衷。

李泌政绩颇丰，如调整官俸、裁减冗员、安置功臣、匡扶政弊、疏通漕运、减轻百姓税赋、增加国家收入等，他集政治、军事、经济、文学、哲学之才能于一身，尤其对《周易》《老子》《庄子》研究颇深，晚年还参修国史，是古代融儒、释、道三家于一体的典型代表人物。

李泌知识渊博、胸怀大度，具有道家修养的无为、佛家修持的无欲、儒家修养的无畏，成就了他的无私。心底无私天地宽，故他能化内乱干戈为玉帛，使政局归于和平；化家族纷争为安宁，使其归于和顺；化派别相异为相融，使其归于和谐。

这种无为、无欲、无畏、无私正是今天中国家庭和睦的需要、民族团结的需要、国家兴旺的需要、世界和平的需要，这是李泌留给南岳人民的宝贵财富，留给中华民族的宝贵智慧！

第八节　理学大家胡安国父子与南岳

自汉武帝罢黜百家、独尊儒术一直到清朝的覆灭，儒学便成了中国皇家的统治依据。但这种儒学思想并不是完全儒学鼻祖孔孟之学，是被汉代董仲舒在汉武帝下诏征求治国方略时提出的《举贤良对策》对儒家思想进行删改取舍的理论所取代，主张"天人感应"、皇权天授。

由于宋代的广开言路，朝廷不杀谏官，儒学又渐入僵化，统治阶级的统治理论岌岌可危之时，哲学家、思想家又蜂拥而起，认为系统的儒家思想千年无人继响，故北宋张载提出"要为天地立心、为生民立命,为往圣继绝学,为万世开太平。"因此《易经》《周礼》《春秋》成了两宋时期的显学,之所以能显,是因为君主专制社会已经存在变故的危机,因此社会意识形态也必须顺变,统治阶级为了维护自身统治,需要构建具有时代特色的理论体系,经学家也就担当了重要的历史任务,《易经》学主要是从哲学、从本体论方面进行构建;《周礼》主要是从伦理学、从制度方面实施构建;《春秋》主要是从政治学、从民族关系论着手构建。

胡安国是著名经学家,自然就成了显学的代表人物之一。他流离多处,用三十余年时间,举全家之力完成《春秋传》。

一、辗转南岳

胡安国(1074—1138),又名胡迪,字康侯,号青山,谥号文定,学者称其为武夷先生,后世称胡文定公。建安崇宁(今福建省武夷山市)人,北宋学者。北宋哲宗时进士及第,为太学博士,提举湖北路学事,旋改湖南路学事,先居湘潭,后迁居南岳。

胡安国提倡修身为学，主张经世致用，重教化，讲名节，轻利禄，憎邪恶。

他一生在徽宗、钦宗两朝数次辞官不就，携家眷寓居湖北荆门，后因荆门一带兵荒马乱意欲再迁，南宋建炎三年（1129）适逢其学生湘潭人士黎明、杨训备船迎接，溯湘江抵湘潭，筑碧泉书堂著书立说。直至南宋绍兴元年（1131）接受中书舍人兼侍讲一职，上疏《时政论》21篇，内容包括定计、建都、设险、制国、恤民、立政、尚志、正心、养气等。后又因战乱，仕途不顺，于南宋绍兴三年（1133）复迁南岳，于紫云峰下（即今岳云中学紫云楼址）筑室讲学，一生著述颇丰，有《资治通鉴举要补遗》一百卷、《文集》十五卷、《宋史》立传、《春秋传》三十卷。其所著《春秋传》成为后世科举士子的必读教科书，也为科举取士的内容之一。为什么如此重要？《春秋》到底讲什么？其实《春秋》是春秋时期鲁国的一部编年史，从鲁隐公元年起（前722）至鲁哀公十六年止（前481），记述鲁国十二位君主二百四十二年的历史，内容包括政治、军事、经济、文化、天文气象、物质生产、社会生活等诸多方面。为什么书名叫春秋？是因为每年春秋两季地方官要入朝述职并记录在册，故名春秋。《春秋》秉笔者应有数十人，但后经孔子进行整理编纂，所以有孔子著《春秋》一说。全书共三十五卷，是儒家经典之一，在四库全书中列为经部。古代文化尚不发达，所以记事语言极为简略，多靠意会，全传总共只有一万八千余字。故后来出现了诸多补充、解释、阐述的书，这些书被统称为"传"。如左丘明注重细节补充则称为《左传》，公羊高与谷梁赤注重阐述的则称《公羊传》和《谷梁传》，还有《邹氏传》与《夹氏传》已散失无考。《春秋》为什么如此重要？唐太宗李世民曾说："以铜为镜，可以正衣冠；以史为镜，可以知兴替；以人为镜，可以明得失。朕尝宝此三镜，用防已过，今魏徵殂逝，遂亡一镜矣。"这里充分说明了历史的重要性，一个人乃至一个国家对历史上好的经验可以借鉴，坏的教训可以诫勉。

二、胡氏春秋

胡安国广收博览群书，花三十余年时间才定稿《春秋传》，欲借史实表达自己的爱国之情并以喻时政，以古典之教训鼓动世人雪靖康之耻，故受朝廷重视。

历史这面镜子不但有前车之鉴，也可以照亮未来之路，古人非常看重历史，不懂历史的人只听别人忽悠终会盲人骑瞎马，夜半临深池。正因为历史的重要性，所以胡安国的《春秋传》被宋高宗誉为"深得圣人之旨"。其殁后朝廷追谥"文定"，并从祀孔庙。其刚正被他的老师谢良佐谓之"如大雪严冬，百草枯萎，而松柏挺然独秀。"他的学术成就被明末清初的经史学家写入了《宋元学案》中的《武夷学案》。

三、忧国忧民

胡安国经历了宋徽宗、宋钦宗时期奸相蔡京、高俅、宦官童贯专权，朝廷腐败，暴动频起，金人入侵，两位皇帝及朝廷女眷几千人被金国掳走受尽各种凌辱的靖康之耻，亡国之痛。针对当时的时弊他写了《时政论》《治国论》《春秋传》，欲借解释《春秋》作为史鉴提出治国之策，警醒南宋，极力提倡官员的道德修养，要"贵德贱利"，要尊重王权，臣子必守本分，不能越权牟利，要"尊王抑臣"，对外要以国家民族利益为重，反对"亲戎狄"，要"尊华攘夷"。"尊君抑臣"为处理内政之方略，"尊华攘夷"为处理外事之准则。

贵德贱利，尊君抑臣，尊华攘夷的关键是要尊君强本，所谓尊君就是要维护王权，不能有蔡京、童贯、高俅那样的臣子专权，破坏纲纪。所谓强本就是要有民本观念，本固才能国强。胡安国对民本的利害关系认识非常深刻，认为民之于国，就如树之于根，干之于木，强调要继承孔孟的仁政，强化民为邦本、本固邦宁的思想。他在《恤民》篇中写道："人心顺从，惟上所命，以守则固，一战则胜，以攻则服，天下定矣。"足见他认识到民心的重要性。在《春秋传》大义阐发之中他说："不时则伤农，不地则害物。……违其常所犯害民物而百姓苦之。"足见他的民生情怀。

胡安国对靖康之变关于仁政的论述中提到："仁政施行，民则受其惠，吏则敬其君，国则增其力，敌则畏其威。如此，则金人可望授受，二帝可望回归，宗庙可望保全，生民可解涂炭，纲常可望重振，社会可望安平，社稷可望终久。不如是，则二帝归望必绝，生民倒悬难解，宗庙社稷无法保全。"

以上这些言语是胡安国忧国忧民之思想。

任何哲人的思想认识都受时代的局限，胡安国尊君的思想是想维护国家的统一领导，克服宋徽宗时期的王权旁落，导致争权夺利，朝廷混乱腐败，其思想理义尊王就是爱国。

四、开湖湘学风

胡安国是宋代著名经学家，也是宋明理学的传承者，更是湖湘学派的奠基人。他是周敦颐的二传弟子杨时与谢良佐的学生，又与周敦颐的直接弟子程颐的好友朱长文与靳裁之有师生之谊。

他的理学思想即万物之始都是"元"，"元"就是人心初始的状态，也是"仁人之心"，所以他认为"元"的体是"仁"，"元"之质在心之内。通过"践仁""体元"做到合二为一，将宇宙之"元"归于人的本心、本体，强调"心"在天理中所起的作用。要求君心合于天心，人心合于道心。因此他解"元"为"理"，解"理"为"心"，主张尽心成性，胡安国于宋明理学起到承上启下的作用。

胡安国的理学贵在践"仁"体"元"，就是通过实践才能认识事物的初始状态或本来面貌，这也是孔子"学而知之"的另一种说法，二者只是用词不同。这为后来张栻的知行并发提供了指导依据，带有了明显的唯物辩证色彩，这种观点是湖湘文化的精髓源头。

胡安国讲学强调践行，只有实践才能出真知，他是开湖南与南岳讲学之风的重要人物。

胡安国到底给南岳留下了什么？首先他开拓了南岳的文脉，他的季子胡宏也是杨时的学生，胡宏以南岳五峰署名，人称五峰先生。胡宏在南岳建春秋楼以藏书，建文定书院讲学二十余年，钻研《春秋》《论语》，并作《论语说》，其著作还有《知言》《皇王大纪》和《易外传》，南宋著名学者张栻、赵棠、向语、赵师孟、吴翌、彪居正、胡大时、胡大本、胡大原都是他的学生，有五峰学派之称，与其兄胡寅的衡麓学派盛极一时。胡宏性格像其父极为正直刚烈，秦桧曾致书胡寅说："汝二弟何不通书，意欲用之。"胡宏回信谢绝了秦桧。胡宏一生矢志于道学，以振兴道学为己任，他说："道学衰微，风教大颓，吾徒当以死担。"其一生析太极精微之蕴，穷皇王制作之端，综事理论一原，贯古今于一息，其成就卓著。因其在杨时、侯师圣处学习理学，加之自己的切悟，是南宋初期振兴理学的关键人物。

胡宏讲学悠游南岳二十余年，曾题《独望》诗："卜居幽胜衡山绕，五峰西望青冥杳。乍聚乍散看浮云，时去时来送飞鸟。卷舒自在都无情，饮啄天然类不扰。我生何似鸟与云，掉头心向人间了。"后有《五峰集》传世。

胡宏的理学思想集中反映在他的《知言》之中，他的核心思想是"性本论"。"性"分内与外，内指人的本性，外指宇宙存在的根据及本体，二者是统一的，性涵盖天道与人道，二者是天人合一的根本。胡宏说："天命谓之性，性，天下之大本也，性也者，天地之所以立也。大哉性乎，万理具焉，天地由此而立也。万物性所有也，圣人尽性，万事万物，性之质也。"他以"性"作为本体进行阐发，以此认识宇宙与人生的规律及人伦道德，这就是他主张的"性本论"。胡宏是两宋之间，以"性"作为主体研究对象探讨宇宙与人生的先驱。他既不同于张载的气本论，认为"性"是气之"主"，虽然不一定正确，但能自圆其说。

胡宏认为"未发只可言性，已发乃可言心。"又说"形而上者谓之性，形而下者谓之物。"说明万物皆由心而生，与儒家"形而上谓之道，形而下谓之器"意思相同。因为

"道"是器物之由来。

他还说："一阴一阳谓之道，道何也？谓太极也。阴阳刚柔，显极之机，至善以微。""天成象而地成形，万古不变。仁行其中，万物育而大业生矣。"由此说胡宏说的"性"是无极，是能量的储存体，是未发。心为太极，是已发，可化生阴阳而万物萌发，与周敦颐的观点相同。胡宏还说："气之流行，性为之主。"说明性在气之上，是气之主宰，与张载的气本论明显不同。他与二程的理本论如何呢？他认为好恶之情，君子小人皆有，区别在于"小人好恶以己，君子好恶以道。"好恶本身无善恶之分，好之以道是善，好之以己则恶。"察乎此则天理人欲可知。"他认为合乎天理的好恶则是天理，不合乎天理则是人欲。所以他说："性无善恶。"还说，"夫人目于五色，耳于五声，口于五味，其性固然，非外来也。"就是说人之本性、生理与精神追求是与生俱来的，只要不过分都是合理的，不存在什么存天理、灭人欲，说明他也不同意二程的理本论。

但胡宏的性本论中都夹杂了周敦颐的天道本体论与心性本体论，以及二陈的理本论、张载的气本论，并继陈颢的学术思想萌发了心学的苗头。

五、上万言书

胡宏生于内忧外患的南宋初期，他之所以做学问、求大道，并不旨在做一个有学问、有道德、有大节的人，而是秉着有道德足以替时、有事业足以拨乱、力图将其所学用于匡时救世。他对安邦治国有自己的独到见解，他反对苛敛严酷，同情百姓疾苦，曾致《上光尧皇帝》万言书。

胡宏向宋高宗上万言书，足见其家国民生情怀，他建议宋高宗施行仁政，抗击金人和治国安邦的策略，大胆直言，针砭政弊。

他认为徽宗钦宗被金人掳走是国家的奇耻大辱，他说："陛下大仇未报，叛臣未诛，封疆日蹙，危机交至，义之不可已也。"希望皇帝"立复仇之心，行讨乱之政，积精积神而化之，与民更始。"提出整饬三纲，认为三纲是中国之道，治国之本，"三纲立，边鄙之叛逆可破也。"能正三纲，行仁政，施恩万姓，就可使"四海归命"，收复中原则指日可待。

鉴于宋室南渡，国困民穷，要关心人民疾苦，并犀利指出当时的政府对百姓"诛之若禽兽，取之若渔猎，发求无度，科敛无已，胁之以势，却之以威。"使百姓"惨毒切于肌肤，冻馁迫于忧虑。"胡宏对官府杀百姓像杀禽兽一样，苛捐杂税无休无止，像捕鱼打猎一样感到深恶痛绝，他认为"国之有民，犹人之有腹心也，国之有兵，犹身之有手足也，手足有病，心能保之，心腹苟病，四肢何有焉？"以致规劝皇帝："仁覆天下，则众得所愿而戴之，后不体元，为政不仁，无以保天下，则民择仁厚而归之。"

他建议皇帝重视精选人才，说："夫欲成王业者，必用王佐之才，所谓王佐之才者，以其有王者事业素定于胸中者也，故一旦得君举而措之，先后有序，纲施纪布，望道期功如臂运指，莫不从心。"若用人不当，对百姓横征暴敛，若"政繁赋重，民力殚精，而盗贼起于穷困矣！"意思官府若过分掠取民利，必定官逼民反，盗贼纷起。并举例说明，"杨幺为寇，起于重敛，吏侵民急耳！"建议朝廷实行招抚之策。

他还建议裁减冗兵，加强边防，扼制金人南侵，同时实施大兴屯田、开源节流等政策，以致民强国富。

胡宏的忧国忧民与其父一致，万言书中的强国富民之策也切合实际，体现了古代知识分子修身齐家治国平天下的责任担当。

胡安国、胡宏父子的忧国忧民、保国保民的家国担当、民生情怀是湖湘学派的精神实质，亦是湖湘文化的精神源头。

胡宏后将理学传于四川绵竹曾任过南宋右相的张浚之子张栻，张栻是融"蜀学""洛学"并集"湖湘"之大成者。

张栻家学渊源颇深，对儒学和《周易》有较深造诣。1159 年张栻 26 岁，当时听说胡宏在南岳衡山传授二程之学，遂常去信请求解惑。1161 年正式往南岳拜胡宏为师，对胡宏的论理心悦诚服，胡宏收张栻为弟子即向其传授孔子仁义之旨和二程理学思想，并对张栻的学问十分欣赏，认为他心中有正气，日进不息，称学派后继有人，真是幸事。但胡宏当年即因病去世。师生时间虽短，但情谊很深，胡宏的思想精微特别是"性本论"的理学观给张栻的理论体系起了巨大的作用。

南岳因胡氏理学大开宣讲之风后，学院代有蜂起，如张栻的南轩书院、赵季西的季西书院、张嗣可的郴候书院、文定书院、旷世嘉的甘泉书院、湛若水的白沙书院、邹守益的东廓书院、彭簪与夏良胜的集贤书院。故曾国藩说："天下书院，楚为盛；楚之书院，衡为盛。"来岳讲理学、心学的学者代不乏人，如：胡安国、胡宏、张栻、湛甘泉、王阳明、王夫之、邹守益、王宗沐等。

胡安国给南岳不单是留下了文脉，同时也留下了人脉。胡寅虽是胡安国的堂兄儿子，但视为己出，少入太学，乃宣和进士甲科及第，曾官至徽猷阁直学士，人称致堂先生，靖康国难曾应诏直陈"十事"。反对议和，高宗称其"词旨恺切，深得献纳论思之体"。致仕后长期隐居南岳，著述之余，游历名山，名下弟子众多，有衡麓学派之称。著有《读史管见》、《论语详说》、《斐然集》，都被收入《四库全书》。

胡宁、字和仲，为胡安国育胡寅后生，以父荫补官不受。为父之《春秋传》进行纂修搜讨，并著《春秋通旨》。吴渊颖说："欲观正传，必先求之'通旨'。"学者称茅堂先生。

胡宏，字仁仲，胡安国季子，称五峰先生。年15即作《论语说》。以荫补官未赴。与兄就南岳故居改建为文定书院，增建春秋楼以藏书，改楼前应诏池（胡安国应诏在此著《春秋传》，特将池命应诏池）为春秋塘。

胡宪，字原仲，胡安国之侄，从子。学者称籍溪先生。以乡贡入太学，兼长《易》学，与《药》学，晚年诏为秘书正字，上疏言金人必败盟，请起用张浚、刘锜，疏入后即求去职。帝嘉其忠，改秩与祠。

胡氏家族如胡宏之子胡大时等也是后来岳麓书院名师，兼长朱、陆众家之学。族人不但遍及全国，现在南岳胡氏一脉人丁兴旺。

第九节　南岳与湖湘文化的由来及成就

黄河长江都有源头，她的奔流总是随着山川地势的变化而变换身姿，用柔弱匍匐平川，用波涛冲过险阻，既会融合两边的涓流，又分支去满足大地的需要。文化与江河无异，总是随着社会的变化而变换思想，既有多家融合，又随社会需要而分裂，随社会平静而平静，随社会矛盾激烈而活跃。哲人总会用思想潮流去冲破险阻。文化是社会的润滑剂，是矛盾的化解剂，也是政权与百姓之间的黏合剂。

　　湖湘文化根植于宋明理学，理学根植于汉前儒学加道学、佛学，儒学根植于道学，这是文化源流与传承，在源流的长河中都会存留各个阶段的痕迹。

　　湖南道州周敦颐是宋明理学的形成者，河南洛阳伊川的程颢、程颐是理学的传承发展者，也是理学与心学的分异者；朱熹是宋明理学的集大成者。胡安国是宋明理学在湖南的传播者和湖湘学派的创始人，其子胡宏是湖湘学派在湖南南岳的继承发展者。张栻则是湖湘文化体系的完善和进一步发展与践行的集大成者。

一、理学之理

　　说到理学就得了解"理"的含义，"理"就是明白事物的运动规律，为破坏这一规律的正常运行提出解决办法，这种办法就是平衡关系。在自然界维护生态平衡，社会中维护利益平衡，要想出这种平衡法则就得借宇宙自然规律，从无极生太极的阴阳变化这种远古时期老祖宗朴素唯物观去思考。无极就是一团混沌，即未发，但蕴藏着巨大能量。太极能生两仪即阴阳，有了阴阳就能萌生万物，即已发。故后学者，无不研究太极阴阳。但物中有良莠，行为有善恶，这就需要一种理论去平衡、去存良制莠和抑恶扬善。这种理论存在于道家的"有"与"无"；儒家的"形而上"与"形而下"，佛家的"色"与"空"。了解了这个"理"就能读懂理学的传承和发展变化，以及文化在解决各种社会矛盾的哲人思考。

二、宋明理学的发展与传承

宋明理学起自北宋湖南籍道州人氏周敦颐，他经过观察社会和历史上各个时期的变革认为被汉代董仲舒改造的儒学已经不能解决社会矛盾的迭起。于是他将儒学、道学、佛学三家的思想进行糅合，形成了自己的学术思想，力求维护统治者的地位和百姓的利益。

在周敦颐之前已有北宋的胡瑗、石介、孙复各起理学端倪，胡瑗提倡"明体达用"，主张恢复汉前儒学经典作为治理国家的根据；石介创建了泰山书院，提倡尧、舜、禹、汤、文、武、周、孔之道为万世常行不可易之道；孙复著有《春秋尊王发微》为统一的封建国家作论证。

周敦颐（1017－1073）是中国宋代（北宋）思想家、哲学家，原名敦实，避英宗旧讳改颐，字茂叔，号濂溪，湖南道州（今道县）人，8岁时随同母异父之兄卢敦文与母投靠衡阳舅父郑向，求学于衡阳石鼓书院，在衡阳10余年，因其好莲，故写有《爱莲说》。郑向就在自家宅旁西湖凤凰山下（今衡阳市二中校址）构亭植莲，周敦颐后又在郴州、桂阳、永州为官时回衡阳讲学、探旧、访友等，他与李宽、韩愈、李士真、朱熹、张栻、黄干同祀石鼓书院，世称"石鼓七贤"。晚年居庐山莲花峰下、书堂和屋前之小溪以家乡道州"濂溪"而命名，故称濂溪先生。元公是他的谥号，与邵雍、张载、程颢、程颐并称"北宋五子"。他一生多处为官，政绩卓著，人心敬服。他的理学思想当时并不为人所知，只有南安通判程太中知其造诣深厚，并让两个儿子程颢、程颐拜其门下，后二程成了著名理学家。南宋学者胡宏对周敦颐的论学十分崇拜，理学集大成者朱熹更是倍加推崇，并为其《太极图·易说》《易通》作注解。张栻称其为"道学宗主"。他是因后人的抬举遂名声大起，当时九江、道州、南安纷纷建濂溪祠纪念他。宋宁宗赐周敦颐谥号为"元"，此后被称为元公，至理宗时，则从祀孔子庙堂，确定了周敦颐的理学开山鼻祖地位。

　　说到周敦颐的理学思想不得不提唐五代至宋初著名道教学者陈抟（871—989），陈乃宋朝初期亳州真源（今河南鹿邑）人，他出生于唐末，历经唐五代至宋，活了118岁。年少时好读经史百家之书，唐长兴（930—933）进士不第，遂不求仕进，娱情山水，隐居武当山九室岩，后移居华山云台观，精研汉代以来的象数学，将黄老清静无为思想、道教修炼方术和儒家修养，佛教禅学会归一流。后来对宋代理学产生了较大影响，后人称为陈抟老祖。

　　在陈抟以前未见有《太极图》，亦未形成太极文化形态及其理论体系。自陈抟创绘出《太极图》《先天方圆图》《八卦生变图》等一系列《易》图并发表《太极阴阳说》后才出现了宋代周敦颐的《太极图说》。因此，世人推理认为陈抟的太极理论是周敦颐《太极图说》的依据。

　　周敦颐作为理学开山鼻祖，他继承《易传》和部分道家以及道教思想，提出了一个简单而有系统的宇宙构成论，说："无极而太极。"太极一动一静，产生阴阳万物。"万物生而变化无穷焉，唯人也得其秀而最灵"，并写出了《太极图说》。

　　周敦颐的理学思想不但吸收了道家的思想理论，也将儒学进一步发扬光大，其中最突出的是将孔孟的民本思想重新提到重要的位置。儒家自孔子去世后就分出了很多学派，所谓"儒分八家"唯孟子坚持民本思想并逐渐发展外，其余都逐渐淡化，尤其秦始皇焚书坑儒导致很多典籍完全消失，使学术继承很难完整，汉代儒家学派渐起纷争，如"古今文经之争"。加之董仲舒对儒家思想的改造，在其中纳入了很多其他思想，为迎合统治者，提出诸如"天人感应""皇权天授"等与儒家相悖并神化皇权的观点，由孔孟的民本位思想逐渐变成了官本位思想。神化皇权的思想反而成为正统被推广，因为这样的观点迎合了帝王的利益，所以汉武帝提出"罢黜百家、独尊儒术"。但这与孟子的"民为贵、社稷次之、君为轻"的观点背道而驰了，权力不但没有关进笼子，反而容易肆无忌惮。因此周敦颐重新提出约束皇权，强调民本思想，欲使孔孟的儒学思想自此又正本清源、明末黄宗羲在《宋元公案》这样评价周敦颐："孔孟而后，汉儒止有传经之学。性道微言之绝久矣。元公（周敦颐）崛起，二程嗣之，又复横渠大儒辈出，圣学大昌。"横渠即北宋张载，他对儒家思想概括了四句名言："为天地立心，为生民立命，为往圣继绝学，为万世开太平。"

　　周敦颐的理学受佛教的影响很深，因为佛教传入中国后名儒大家多与禅学结缘，很多人主张儒、释、道三教结合，他也认为虽互相异趣但殊途同归，加上宋代云门宗僧佛印和尚与周敦颐、苏东坡、黄庭坚都是知交。周敦颐还与临济宗祖心、常聪也过从甚密，故常聪门人说："周敦颐的'性理论'及'太极''无极'均传于东林寺。"虽有夸张之嫌，但也非空穴来风。况且周敦颐本人也言："吾此妙心实启迪于黄龙，发明于佛印。然易理廓达，自非东林开遮拂拭，无繇表里洞然。"佛教文化的精华是色空无常与轮回，万物都会变化，色无常，空也无常，劝人戒除贪嗔痴，不要执念，这对利欲熏心者有警醒作用。

　　周敦颐将儒释道三家思想理论进行糅合后形成了自己的理学思想体系，他的《太极图说》主要是阐述宇宙与社会间自然规律，在古人阴阳观的认识中进一步发展，认为社会的最佳状态就是阴阳平衡，过犹不及引起物极必反就会导致社会动荡，伦理道德也是社会应该遵循的规律，否则势必混乱。民本是维系政权稳固的根本，君权不可以无限扩张，否则官逼民反。周敦颐以太极阴阳平衡的宇宙观理论喻示社会必须尊重这一天理，并以"诚"诠释天道本体论和心性本体论，认为"诚"是社会道德规范的体现和人性的本源，是仁、义、礼、智、信具体的道德规范。他以此维系社会稳定的思想传给了洛阳伊川程颢、程颐兄弟，二程在周敦颐的学术基础上提出了其核心思想是"天理"为万物之本源，认为"人伦者、天理也""父子君臣、天下之理"，并认为"万物皆出于理""有理则有气"。认为社会乃天理所定，违背则是逆天理，强调人性本善，"性即理也"。由于气禀不同，故人性善恶各异，认为浊气与恶性，皆为人欲，人欲蒙蔽本心，便会损害天理，"无人欲即皆天理"。因此，教人"存天理、灭人欲"，要"存天理"必先"明天理"，要"明天理"必要即物穷理，逐渐认识事物之理，积累多了就能豁然贯通。理学还主张"涵养须用敬、进学则致知"的修养方法。二程专心治学至弟子遍及全国各地，著名的有杨时、谢良佐、游酢、吕大均、吕大临、侯师圣等。其中杨时、谢良佐衍生出两大派系。杨时官至龙图阁直学士，称为"程学正宗""闽学鼻祖"。朱熹是杨时的三传弟子。谢良佐则传南宋著名经学家和湖湘学派创始人胡安国。

三、湖湘学派的形成与发展

胡安国在南宋绍圣、绍兴年间几度升迁、贬谪之后无心仕途，晚年则隐居湘潭与南岳，潜心研究《春秋》，在南岳紫云峰下（现南岳岳云中学紫云楼址）结庐讲学，专讲春秋与理学，以讲学撰述为业，除自己的子侄胡寅、胡宏、胡宪等外，还吸引了湖湘子弟前来求学，其中仅长沙就有治《春秋》和《资治通鉴》的谭知礼，以孝友信义著称的黎明等，从而奠定了中国历史上具有特殊地位的理学派，即当时社会为区别杨时的闽学派而取名的湖湘学派。这一派起自胡安国，传其季子胡宏。胡宏将理学传四川绵竹曾任过南宋右相的张浚之子张栻，张栻融"蜀学""洛学"并集"湖湘"之大成。

张栻出身于官宦世家，系西汉张良之后。其一世祖张九皋是唐朝宰相张九龄之弟，张栻六岁即随父到湖南永州，其父当时落职以朝奉大夫秘书到永州居住，后又随迁广东多处，18岁至28岁再随父移居永州，家学渊源很深，对儒学和《周易》有较深造诣。1159年张栻已26岁，当时听说胡宏在南岳衡山传授二程之学，遂常去信求教质疑。

1161 年，他正式前往衡山拜胡宏为师。胡宏收张栻为弟子后即向他传播孔子仁义之旨和周敦颐与二程乃至其父的理学思想，并对张栻的学问十分欣赏，他给友人去信称与张栻话语契合，说张乃天下英才，认为他心中有正气，日进不息，称学派之门后继有人，真是幸事。但人生无常，胡宏当年便去世了。张栻拜胡宏为师虽时间较短，但其思想精微给张栻的理论体系起了巨大作用，后来张栻之父以观文殿大学士身份理潭州（今湖南长沙），张栻即随父居潭州之城南妙高峰（现在湖南师范学院旧址），筑"城南书院"以教授理学。

南宋孝宗隆兴元年（1163）张栻 31 岁，以荫补缺，任朝廷枢密使，开府治戎，其父率师北伐之时。张栻以年少周旋于幕府之中，内赞密谋，以参庶务。是年朱熹来访，这是朱熹第一次造访张栻。

次年（1164）张浚北伐失利被免职，不久便郁郁而终，张栻护丧归潭州乘舟至豫章（今江西南昌），朱熹登舟哭拜，并从豫章上船送至丰城下船，朱熹与张栻交谈三日。朱熹对张栻的评价是：他天资聪颖，对学问的认识非常正确。后面两人不断有书信往来。1165 年十一月，张栻丧父，张栻葬其父张浚于衡山一脉宁乡沩山（今长沙市宁乡市官山乡官山村）。

恰在这年湖南郴州暴发李金领导的农民起义，连破郴州、桂阳两城，南宋朝廷十分惊慌，派湖南安抚使知潭州刘珙前往清剿，刘珙向张栻问计，张栻为之出谋，辅佐刘珙平息了风波。乾道二年，张栻34岁，刘珙为感张栻之恩，更钦佩其学问，故重修岳麓书院，延请张栻主讲。张栻对刘珙重修书院之举也极为称赞，故此张栻欣然接受并来往于湘江两岸的城南、岳麓两书院讲学，传道授业。专讲经学与"性本论"，反对功名利禄之学，在继承胡宏学统的同时，开展学术交流与探讨，逐渐形成了自己的学术体系，当时湖湘学派已蔚为壮观，盛时多达千余人，规模远超前人。湖湘学风盛况空前，虽湖南学子居多，但江西、浙江、江苏、四川等各地求学者也络绎不绝。南岳一些书院的学生逐渐前往，学派的重心也从南岳衡山转移至长沙。

明末清初儒学大家黄宗羲后来评价说："湖南一派，在当时为最盛。"这说明张栻讲学，确立湖湘学派影响之深远。

四、湖湘学派与闽学派情谊

乾道三年（1167）随着岳麓、城南两书院学风日盛，著名理学家，闽学派代表人物朱熹由其弟子范念德、林用中陪同从福建崇安启程来到长沙与张栻"会友讲学"，并展开学术辩论，这是两人第三次会晤，共同讨论了《中庸》的已发、未发和察识，涵养之序以及太极、仁理等理学的重大理论问题，这是宋代理学中以朱熹为代表的闽学派"理本论"和以张栻为代表的湖湘派"性本论"学术观点的辩论。朱熹在已发与未发的探讨中耗费了大量的时间与精力，最后以朱熹接受张栻的观点而结束。后朱熹又质疑，但最终张栻说服了朱熹。这次两人的"潭州嘉会"共两个月时间，附近学者闻风而至，听者甚众，可谓盛况空前。后面两人同游南岳衡山，无奈风雪交加，无法成行，于是焚香祷拜南岳神，次日果然风雪停止，一行人踏雪酬唱和诗共149首，有"朱张霁雪"之美誉和《南岳唱酬集》传世。从朱熹诗中看，他认为在张栻处获益匪浅："昔我抱冰炭，从君识乾坤。始知太极蕴，要眇难名论。谓有宁有迹，谓无复何存。惟应酬酢处，特达见本根……"

朱熹（1130－1200）是宋朝著名理学家、思想家、哲学家、教育家、诗人，是理学闽学派的代表人物，儒学集大成者，世尊称朱文公。他是唯一非孔子亲传弟子而享祀孔庙，位列大成殿十二哲者中受儒教祭祀者。他的理学老师是程颢、程颐三传弟子福建南平李侗，并深得李侗器重。朱熹一生十分好学。著述颇丰，主要有：《四书章句集注》《太极图说解》《通书解说》《楚辞集注》。

五、湖湘文化的形成及其特质

张栻在教育上强调"明人伦"，他在《静江学府记》《袁州学记》《桂阳军学制》诸篇中反复阐述，他认为办学的根本目的在于"明人伦"，即懂得如何做人。他说，"其所以学者，何也？明人伦也"。何谓人伦，即指人与人之间应遵循的父子有亲、君臣有义、夫妇有别、长幼有序、朋友有信的行为准则，他把明人伦之五伦作为教育的目的，贯彻儒家的伦理思想，把教育纳入道德教育的轨道。他反对那种只顾追求功名利禄，不明人伦，不讲仁义道德的求学态度，反对不以儒家人伦教民，而去讲求文辞华丽的做法。在教学上他倡导培养经世济民之才，强调人格修养和道德践行。这对岳麓书院的务实学风产生了巨大作用，也为以后办学树立了典范。在知与行方面，他主张"知行并发"，认为知和行二者的结合是教学必须贯彻的重要原则和方法。他在《论语解·序》中指出，人的实践活动的开始就是根据他所认知的事物，实践越深入认知也就越深入，认知越深入实践也就越广博，知与行自始至终都是相互随行的。他认为实践越广博则认知更精准。行以知为指导，而知以行而深邃。知可促进行，行也可促进知。

张栻的这种知行观明显要比朱熹的"知先后行"的"生而知之"论和王阳明的"知行合一"论更为实用，由此也为明末清初之际的王夫之进一步提出"行先知后"的唯物主义知行观作了理论先导。其知行观反映在教学上是主张学是为了实用，他最反对"循名亡实之病"，批评那种"汲汲求所谓知，而于躬行则忽焉"的学风。尤其强调重务实、忌空谈，所以明末清初顾炎武提出的"空谈误国、实干兴邦"就源于此。

岳麓书院重建时张栻撰写了《岳麓书院记》，奠定了岳麓书院的办学方针和指导思想。

记中有一段原文："侯之为是举也，岂特使子群居佚谈，但为决科利禄计乎？亦岂使子习为言语文辞之工而已乎？盖欲成就人才，以传道而济斯民也。""为民之生，厥有常性，而不能以自达，故有赖圣贤者也。"

张栻认为读书不是为功名利禄，攻文辞语言，而是为百姓说话。

他还批判说自隋唐立科举取士制度以后，学校便成了科举的附庸，办学就是为科举取士，两宋官学之弊端正表现在士子们"争驰功利之末"，以"异端空虚之说"为是，而以"事天保民之心"为非。

张栻将二程的理本论及胡安国的践"仁"体"元"和张载的"气本论"与胡宏的"性本论"并糅合了陆九渊的"心本论"，将几者反复参透后，提出天、性、心三者，名异实同，皆同体于理。他认为天下万物皆生于理，理是万物赖以生存的根据，"事事物物皆有所以然，其所以然者，天之理也"。他以太极为理，太极变化便产生阴阳二气，二气交感便化生万物，称"人与物俱本乎此者也"。他说："理之自然谓之天，命于人为性，主于性为心。天也，性也，心也，所取则异而体则同。即：天、性、心三者均为天理的直接体现。张栻突出心的地位，走出了程朱在性情中论心的局限，使心具有了本体性质。他说："心也者，贯万事统万理，而为万物之主宰者也。"说明心是万物主宰，是万理统摄。这便由同体于理，发展到心直接为本体，把程颢"心即理说"提高到了新的高度。

他把认识论归正于心本体，提出："心也者，万事之宗也。"即以本心为基础，从心上体验天理，排除了格物穷理的必要性。

他运用"性也、天理"的观点，发挥张载的变化气质思想，构成其人性修养论。他认为人的本然之性是纯粹至善的，只是气禀和习染的原因，才产生"贼害""仁义"的分别。因此，他主张："克其气质之偏，以复其天性之本。"通过张栻的兼学并蓄，形成了别具一格的湖湘文化，从理学中脱颖而出，其核心思想是遵循胡安国、胡宏父子的办学宗旨，培养具有家国担当、民生情怀、学以践行、经世致用的人才，将所有的"理"归于"仁"以济天下。由此可见，张栻办校讲学的宗旨是培养人才，培养人才又以训化其"心"为主，也就是改造其思想，使人才都成为治世救民之才，以此改变国家和改变民生，所谓"事天保民之心"，要使读书人都成为圣贤，因为"为民之生、厥有常性，而不能自达，故有赖圣贤者也"。

六、湖湘文化成为湘楚大地的文化根基

文化是国家和民族的灵魂，是繁衍、传承、发展的根基。湖南在古代应该归属古越国，楚悼王征服洞庭以南则属湘楚，屈原虽然经过此地，但时间短没有形成文化氛围。它不像荆楚和吴楚文化基因有春秋战国时期的哲学家老子和庄子，以及大哲学家、政治家、军事家、经济学家、法家的代表人物管仲和政治家鲍叔牙等。管子在两千七百多年前提出的"夫霸王之所始也，以民为本、本理则国固、本乱则国危"的哲理名言已成为万世之宗。湖南属湘楚，唯独没有领军的文化名人，也就没有它的主流文化基因。自有了周敦颐、胡安国父子和张栻以后才有了自己独特的文化，尤其是胡安国践"仁"体"元"和胡宏、张栻提出的"性本论"就成了湘楚的文化基因。性即人性，就是讲人的本性。以人为主体，认为人才是社会与自然的主宰，从哲学本体的高度肯定了人在世界上的主体地位，突出人的尊严和价值。这从根本上改变了湖南的文化品位，成为有地方特色的湖湘文化。因为湖湘文化的特质，所以在中

国明清以来培养出了众多具有湖湘文化特质的人才，即有抱负、有担当，以天下为己任的湖湘子弟。

明末清初的王夫之（1619—1692）湖南衡阳人，曾就读于岳麓书院，成了享誉中外的伟大思想家、哲学家，精通经、史、子、集，其著作有《周易外传》《黄书》《尚书引义》《永历实录》《春秋世论》《噩梦》《读史通鉴》《宗论》等。

清中期中国文坛第一位领袖人物彭浚（1769—1833），湖南衡山沱字十五区王子塘（今衡东县珍珠乡黄梓塘村）人，曾就读于岳麓书院，嘉庆十年状元，任翰林院修撰，实录馆纂修，文渊阁校理，咸安宫总裁、内阁侍读学士、道光皇帝的老师，一生刚直不阿，严以律己，自奉节俭，餐无兼味，家风严谨，热衷公益，亲书"勤、俭、忠、恕、忍、让、公、和"八字悬挂在自家厅堂，作为后嗣族裔必守之庭训。

清代经世派主要代表人物陶澍（1779—1839），湖南安化人，同样就读于岳麓书院，嘉庆七年进士，道光重臣，先后调任山西、四川、福建、安徽等省布政使和巡抚，道光十年任两江总督，后加太子少保，曾督办海运，剔除盐政积弊，兴修水利并设义仓以救荒年。

清代著名思想家、政治家、文学家魏源（1794—1857），湖南邵阳隆回金潭人（今隆回县司门前镇），就读于岳麓书院，道光二十五年进士。官高邮知州，晚年弃官归隐，潜心佛学，他是近代中国"睁眼看世界"的优秀知识分子代表，提出以经世济用为宗旨，"变古愈尽，便民愈甚"的变法主张，倡导学习西方先进的科学技术，提出师夷长技以制夷的主张。

晚清中兴名臣之一的曾国藩（1811—1872），湖南长沙府湘乡（今湖南双峰）人，同样就读于岳麓书院，道光十八年进士，晚清名臣，内阁学士，历任礼、兵、工、刑、吏部侍郎，湘军领袖，为风雨飘摇的晚清挽狂澜于既倒的重臣，对清王朝的政治、军事、经济、文化等方面产生了深远的影响。其治国治家无论在当时还是现在都被国内外所推崇。

晚清中兴名臣之一的胡林翼（1812—1861），湖南益阳人，就读于岳麓书院，晚清进士及第，陶澍之女婿，著名军事家，湘军领袖之一，与曾国藩、左宗棠、彭玉麟被史学家称为晚清"中兴四名臣"，著述颇丰，曾绘制我国早期较完整的全国地图《大清一统舆图》。他也是清代著名楹联家。

晚清著名军事家、政治家、民族英雄左宗棠（1812-1885），湖南湘阴人，陶澍的儿女亲家。就读于长沙城南书院，遍读群书，钻研舆地，苦研兵法。任闽浙总督、两江总督、洋务运动领袖，收复新疆功勋卓著，为绿化甘肃新疆更是功不可没，有诗云："大将酬边尚未还，湖湘子弟满天山，新栽杨柳三千里，敢教春风度玉关。"如今的甘肃、新疆的杨树、柳树历经一百多年仍生长旺盛，被百姓称为左公杨、左公柳。他的这一举措改变了唐朝诗人王之涣"春风不度玉门关"的旧貌。

清代著名外交家郭嵩焘（1818—1891），湖南湘阴人，（今汨罗市），就读于岳麓书院，道光二十七年进士，湘军创建者之一。中国首位驻外使节，著名外交家、教育家，晚年讲学于城南书院。

曾国荃（1824—1890），曾国藩之弟，就读于岳麓书院，晚清名臣，任湖北、陕西、山西巡抚，陕甘总督、两广总督，礼部尚书。

清末举维新变法大旗的谭嗣同、唐才常烈士都毕业于岳麓书院。

晚清著名经学家、文学家、教育家、思想家王闿运（1833—1916）湖南湘潭人，就读长沙城南书院，曾为曾国藩幕僚，清末翰林院检讨，加侍讲衔，衡州船山书院山长，民国初年任清史馆馆长。

晚清学者杨昌济（1871—1920），长沙人，早年就读于岳麓书院，曾留学日本，期间考察德国，对西方及日本教育、伦理、哲学、现代科学均有研究，回国后从事教育工作，提倡民主与科学。他是杨开慧的父亲，著名学生有毛泽东、蔡和森、萧子升等。

中国近代民主革命家黄兴（1874—1916），湖南长沙人，辛亥革命的先驱和领袖，就读于城南书院。

中国近代民主革命家蔡锷（1882—1916），湖南邵阳人，曾就读于岳麓书院。

辛亥革命以来至抗日战争，解放战争之名人更不胜枚举，毛泽东、杨开慧都是受这种文化的熏陶，还有蔡和森、邓中夏、杨树达、黎锦熙、陈天华、谢觉哉等都出自岳麓书院。

七、湖湘文化的成就

湖湘文化成就了湖南独树一帜的文化特点，填补了湘楚大地自唐宋以前文化根基缺失的空白，成就了明清以来湖南层出不穷的经天纬地之才，为中华民族反帝反封建、走出衰败、革除积弊、民族振兴树起了脊梁，丰富了南岳衡山这座千古名山的文化内涵。

南岳衡山是尧、舜、禹以来帝王封禅之地，也是长江以南唯一的五岳之一，更是儒、释、道三家修行之地。南岳衡山绵延800百里，有72峰之胜迹，首起衡阳回雁峰，止于长沙岳麓峰。名山的秀美吸引了自古以来无数高僧、羽客、名儒来此游览隐居与讲学，其中代表人物有唐代四朝重臣之称的李泌，他在此隐居十二年讲学著述，是融儒释道三教文化于一体的南岳宰相，是开辟中国和合文化的先导之一，是招引后人来此讲学著述的重要诱导。明末王夫之又集理学与心学之大成，在南岳衡山著书立说，他对程朱理学、陆王心学的主观和客观唯心主义进行了批判，继承发展了张载的"气本论"学说，构建了具有辩证唯物主义精神的学术思想，创造性地提出了有实践色彩的认识论和伦理学，举起朴素的唯物主义和爱国主义大旗，对后世影响极其深远，所以清末谭嗣同赞誉其为"万物昭苏天地曙，要凭南岳一声雷"。到南岳衡山游览的才子佳人更不胜枚举，是南岳衡山滋养了名人，但他们的文化也成就了南岳名山，山岳是文化的载体，文化是山岳的灵魂，由于文化对名山的熏陶，因此在72峰之间更是人才辈出，各领风骚。南岳衡山古有神山之称，神在哪里？神在它有包容的胸怀，有和合的文化，有底蕴深厚的文脉。南岳是自古至今的文化大山，中华文化名山。

笔者曾在南岳一处牌坊撰联：

八百里群峰叠翠，岫隐峦飞，霞蔚云蒸，总向神州悬日月；

五千年寿岳生辉，龙盘虎踞，地灵人杰，长留皓气壮乾坤。

第一〇节　心学与南岳

世代文星藏南岳，千山幽邃有书香。继理学之后心学又在南岳兴盛，是因为千多年来南岳文化氛围浓厚。从唐宰相李泌隐居后，他儿子为其建南岳书院起，相继有唐宣宗检校尚书左仆射韦宙建的韦宙书院；唐代太子少傅，中书舍人卢潘建的卢潘书院。后宋朝相继建三家，明朝建八家，清朝又建两家，正如曾国藩说："天下书院楚为盛，楚之书院衡为盛。"南岳名儒大家更是层出不穷，尤其两宋至明清理学心学长盛不衰，代不乏人。理学名人胡安国父子五人都是大家，胡宏只是其兄弟中的代表，张栻是湖湘学派湖湘文化的集大成者。理学心学名人还有湛甘泉、王阳明、蒋信、罗洪先、邹守益、王宗沐、康元积等。

心学理学并无绝对的界限、理本论、性本论、气本论、心本论四大派系也各有千秋。有单攻者也有兼学者，有人将其分为客观唯心与主观唯心，其实客观唯心者也见主观论点。主观唯心者也藏客观认识，唯心论中又见唯物之理。唯物论中又被唯心包裹，只能说古代哲人们各有其格物致知的智慧，同时又各受其时代的局限。为了能清楚了解心学，还得理顺其来龙去脉。

心学源起于北宋的程颢，他与其弟程颐同学于北宋周敦颐门下的理学，但后来各有侧重，二程所创"天理"学说认为天理在人性中的体现如果未受任何思想的掺杂，则会至善无瑕。人性中的善则是"天理"的本质特征。恶是人的欲望与情感所致，二程称之为"人欲"，认为"人欲"是与天理相对的，二者相斥，"天理"盛则"人欲"灭，"人欲"盛则"天理"衰。要灭"人欲"就要加强自心的修养，也就是后来陆九渊的"心学"源头，最终被明代王阳明发扬光大。而程颐的思想则是后来朱熹的"理学"源头。

究竟什么是"心学"？心学主张以心（良知）为本，以心为宇宙的本体，重点论证心即理，或心理为一，心与理虽是同一实体，但毕竟理原出于心，其观点是反程朱客观天理论的。王阳明的观点是通过"性之体、性也、性即理也"的概念过渡，力求将心学之理与道学的性即理统一起来。心学的源头是程颢，但形成体系者是陆九渊，他以心为本，认为心可主宰一切。"宇宙便是吾心，吾心即是宇宙。"王阳明则总结为四句教义："无善无恶心之体，有善有恶意之动，知善知恶是良知，为善为恶是格物。"

总体来说，这些理论对初学者有些难于理解，其实"理""性""气""心"若为主宰，就与"无极"相同，是未发，是能量体。与其相对者就是已发，是太极，是功能，可以生出善恶及各种变化，心学要求人要做到"知善知恶、去恶存善、以求良知"。

历史称"陆王心学"的"陆"即陆九渊（1139-1193），字子静，抚州金溪（今江西省金溪县）人，汉族江右民系，南宋哲学家，陆王心学的代表人物。书斋名"存"，世称存斋先生。又因讲学于象山书院（位于江西贵溪市），被称为象山先生，学者常称其为陆象山。

宋孝宗乾通八年（1172）进士，调靖安主簿、历国子正。有感于靖康时事，遍访勇士，商议恢复大略。曾上奏五事，遭给事中王信所驳，遂还乡讲学。绍熙二年（1191）知荆门，修建军城，稳固边防，颇有政绩。绍熙三年十二月（1193年1月）卒，年五十四，谥文安。

陆九渊为宋明两代"心学"的开山之祖，与朱熹齐名，而见解多不和，主"心"（我）即理。"学苟知本、六经皆我注脚。"明王守仁继承发展其心学，成为陆王学派，对后世影响极大，著有《象山先生全集》。

正当朱熹把理奉为最高哲学范畴时，陆象山则提出"心即理"的学说，针对朱派的"理"在人心之外，"即物"才可"穷理"的理论，他提出"发明本心"，"求其放心"的"简易""直接"的主张，强调主观精神的作用，建立了初步心学体系。在"太极""无极"问题上和朱熹进行了长期辩论。明代王阳明进一步提倡"心外无物""心外无理"的命题，以吾之良知为天理，完善了心学体系。

陆九渊以"心即理"为其思想核心，断言天理、人理、物理只在吾心中，认为"心"和"理"是永久不变的人之先验的道德意识，本心即仁、义、礼、智之心，是善、是人心之理和宇宙之理。在认识问题上提出反省内求的简易、直截的方法。

南宋淳熙二年（1175）吕祖谦为了调和朱熹与陆九渊兄弟的思想分歧，使之"会归于一"，特邀朱熹与陆九龄、九渊兄弟等到信州铅山鹅湖寺相会，讨论学术问题，称"鹅湖之会"，意在会上论述关于为学之方、教人之法的论争及有关无极太极的辩论。

在这次著名的学术会上，朱陆双方就"为学之方"展开了激烈争论，双方的分歧主要表现在朱熹侧重于"道问学"，即通过泛观博览来认识"天理"，陆氏以之为"支离"，陆九渊主张"尊性德""发明本心"直指人心，以求顿悟，朱氏以之为"太简"、近禅。如此一来，吕祖谦本欲使之"会归于一"的学术聚会，却成了双方围绕"为学之方"而展开激烈思想交锋和学术争论。在争论之前先是陆氏兄弟之争,后吕祖谦认为其兄弟都意见不一何以与之辩,最后陆九龄尊重其弟之见,并赋一诗:"孩提知爱长知钦,古圣相传只此心,大抵有基方筑室,未闻无址可成岑,留情传注翻榛塞,着意精微转陆沉,珍重友朋勤切琢,须知至乐在于今。"因双方在三天之会中谁也没有说服谁,三年之后朱熹仍和前诗云:"德业流风凤所钦,别离三载更关心,偶扶藜杖出寒谷,又枉篮舆度远岑。旧学商量加邃密,新知培养转深沉。却愁说到无言处,不信人间有古今。"

陆九渊弟子众多,同朝有杨简、傅子云、傅梦泉、邓约礼,再传弟子元代有赵偕、祝蕃、李存等,明代有陈献章、湛若水、王守仁(王阳明)。

杨简(1141—1226),南宋学者,字敬仲,号慈湖、慈溪(今浙江省宁波市)人,告归后筑室德润湖(更名慈湖)居住,世称慈湖先生,年轻时就读太学、宋孝宗乾道五年(1169)进士,任富阳主簿,陆九渊到富阳,即拜陆为师。杨简先后任乐平知县、温州知府等职。最后以耆宿大儒膺宝谟阁学士,封爵为慈溪县男,谥号"文元"。著述颇多，传世的有《慈湖遗书》18 卷，又续集 2 卷；《慈湖诗传》20 卷、《杨氏易传》20 卷、《五诰解》等。

他为官以廉俭为民所爱戴，首创废除妓籍，有权势者之宅第阻碍河流，其命拆之，民呼"杨公河"，晚年富居鄞县城内月湖畔，设馆讲学。

继其师陆九渊发展心学，主张"毋意""无念""无思无虑是谓道心"，认为"天地我之天地，变化我之变化，非他物也"，把宇宙的变化说成心的变化，宣扬"人心自明，人心自灵"的观点。他剔除与其心学体系不合的"沿袭之累"，使之彻底化，认为"天者，吾性中之象；地者，吾性中之形，皆我之所为也。""天地人物尽在吾性命之中，而天地人物之变化，皆吾性之变化。"从这一唯我论的世界观出发，把"心"看作天地之根、万物之本，认为"人心自明、人心自灵"。"人心本善、本正，人心即道，故曰道心"这是伦理道德的渊源与本质所在。

杨简不同意陆九渊用"收拾精神""剥落""等来""发明本心"的修养方法，认为这种清心、洗心、正心的强制功夫，非徒无益，而且有害。他说："人皆有至灵至明，广大圣贤之性，不假外求，不由外得，自本自根，自神自明。认为"直心诚实，何思何虑，思虑微起，则支则离。"

杨简重视道德实践，躬行礼教，认为"圣人藏身之道，惟以礼而已矣。"当时仰慕杨简的有赵偕。

赵偕，字子永，慈溪人，生卒年均不详，宋末元初在世，元初入仕不顺，后隐居大宝山东麓，学宗杨简，人称宝峰先生，著有宝半俸集二卷。

宋灭后，忽必烈入主中原，建立元朝，历时90余载。中原饱学之士尽认其为外夷入侵，多不愿出仕于朝廷。理学与心学继承者也埋没于乡野不闻。但宋末有一个饱学之士吴澄仍潜心研究道统之学，自觉担起朱熹之后的传承。

吴澄（1249－1333），字幼青，晚字伯清，抚州崇仁凤岗咸口（今江西乐安县鳌溪镇咸口村）人，元代杰出的理学家、经学家、教育家。精通《易》《诗》《春秋》《仪礼》，穷究五经，元代授以师儒。

吴澄一生孜孜不倦从年轻时校订"五经"，到中年又"采拾群言""以己意论断"再"条加记叙"，并努力探索朱熹研究"五经"未尽之意，直至晚年修成《五经纂言》《诗纂言》《易纂言》《书纂言》《礼记纂言》《春秋纂言》，以及《易纂言外翼》《仪礼逸经传》《孝经完本》

《道德真经注》等书。

同时代还出现了一个大家名叫许衡，吴澄与许衡同为元代名儒，当时号称"北有许衡""南有吴澄"。许衡主要是传承程朱理学，而吴澄则主要是折中朱陆之学。《宋元学案·草庐学案》将吴澄列为"朱熹四传""象山私淑"。

吴澄著《五经纂言》完成朱熹未尽之意，当系程朱理学之后，但从其论学实际来看他应是元代"和会朱陆"的突出人物，对于朱陆之学他既看到了其相同的一面，企图解决朱陆学问之间的矛盾，达到和会朱陆。在理学上吴澄读了不少朱学的内容；但对朱、陆的分歧，他又基本否定了朱熹的"道问学"论，而接受了陆学的"本心论"，提倡读书问学当以陆象山的"尊德性"为本，还在一定程度上克服了朱熹哲学方法与体系的矛盾，因此说草庐学说是折中朱、陆的产物。

朱熹持之"格物"，陆九渊持之"本心"，吴澄则是"和会朱陆"形成自己的"心性说"。

吴澄另一个观点就是认为从尧舜直至周程诸子无不以心为学，这是对当时斥责心学乃佛学的一个辩解，也是为心学正名。

元代灭亡后，明朝心学又开始抬头，著名学者有陈献章、娄谅、湛若水、王阳明、王宗沐。

陈献章（1428－1500），是续心学的杰出代表，明代思想家、教育家、书法家、诗人，广东唯一从祀孔庙的硕儒，主张学贵知疑、独立思想、提倡较为开放的自由学风，逐渐形成一个有自己特点的学派，史称江门学派。字公甫，号石斋，别号碧玉老人。明正统十三年中副榜进士入国子监读书、景泰二年会试落第拜江西吴与弼为师学习理学。

陈献章提倡"以自然为宗"的修养方法，他所说的"自然"即万事朴素的、本能的、无负累的、绝对自由的存在状态。他极力倡导"天地我立、万化我出而宇宙在我。"的心学世界观，标志着明初程朱理学统一局面的结束，也是明代心学思潮的开始，它和后起的王阳明心学共同构成了明代心学的主要内容，对陈献章的哲学思想到底是唯心还是唯物，在学术界有不同的看法。但陈献章的学生湛甘泉继续传承了陈献章的心学。同时代心学著名学者王阳明与湛甘泉同朝为官、同朝讲学。

湛若水（湛甘泉）（1466-1560），明代哲学家、教育家、书法家。字元明，号甘泉，增城（今广东省广州市增城）

人，明孝宗弘治年间进士，选庶吉士擢编修。明世宗嘉靖初，官南京祭酒，礼部侍郎，后历礼、吏、兵三部尚书。少师陈献章，后与王守仁同时讲学，各立门户，王阳明主讲"致良知"，湛甘泉主讲"随处体认天理。"湛认为："吾之所谓心者，体万物而不遗者也，故无内外；阳明之所谓心者，指腔子里而为言者也，故以吾之说为外。"湛强调以主敬为格物功夫；说："故善学者，必令动静一于敬。"他著有《湛甘泉集》。

南岳衡山曾是宋明理学中的湖湘文化的发源地，尤其以文定书院书风长盛不衰，明代"心学"派代表人物多接踵而来。

1542年，湛甘泉（若水）以77岁之躯遍游南岳群峰，拜谒胡文定公等先贤，后在南岳文定书院讲学，随后友人在其附近置地建房，名甘泉精舍，后更名甘泉祠、甘泉书院，又名衡岳书堂。湖南武陵人蒋信曾与湛甘泉门人骆君尧、周荣朱，黄云淡同听甘泉先生讲"心学"，并作《甘泉精舍记》。

湛甘泉与王阳明同为"心学"大成就者，两人感情深厚，王阳明生前曾为湛甘泉的父母撰有《赠翰林院编修湛公墓表》和《湛贤母陈太孺人墓碑》。王阳明逝世后，湛甘泉又为其撰写《阳明先生墓志铭》和《祭王阳明先生文》。

1544 年湛甘泉近 80 高龄又来南岳讲学，兴致不减当年，又重登祝融峰，陪同游览的门人仍有骆尧知、黄云淡、蒋信等，并按日记述了从广东出发讲学及游南岳的感想与经历的《岳游纪行录》。

王阳明与湛甘泉同朝为官，曾约湛甘泉一同来南岳讲学，后湛甘泉因故未及同行，所以王阳明于（1522）年曾来南岳讲述"致良知""知行合一"，冶巧比湛甘泉早来了 20 年。

王阳明在南岳讲学的影响非常大，远近慕名前来者甚众，他取名守仁就知其有以仁济天下的抱负，为了对其有全面了解，下面作简略介绍。

王守仁（1472－1529），汉族，幼名云，字伯安，别号阳明、浙江绍兴府余姚县（今属宁波余姚）人，因曾筑室于会稽山阳明洞，自号阳明子，学者称之为阳明先生，亦称王阳明。

他是明代著名思想家、文学家、哲学家和军事家，陆王心学之集大成者，精通儒家、道家、佛家。弘治十二年

（1499）进士。历任刑部主事，贵州龙场驿丞、庐陵知县、右佥都御史、两广总督等职，官至南京兵部尚书。

王守仁的学说思想（阳明学），是明代影响最大的哲学思想。他立德、立言于一身，成就冠绝明代。弟子极众，世称姚江学派，有《王文成公全书》。

阳明学，又称王学、心学，作为儒学的一个门派，最早可推溯自孟子。根据王守仁一生中的经历，他受到道家的影响明显多于佛家，但其终究不离儒学本质，王守仁继承陆九渊强调"心即是理"的思想，反对程颐、朱熹通过事物追求"至理"的"格物致知"方法。因为事理无穷无尽，格之则未免烦琐，故提倡"致良知"，从自己内心中去寻找"理"，理在人"心"，理化生宇宙天地万物，他认为人心自具其气，在知与行的关系上，强调要知、更要行，知中有行，行中有知，所谓"知行合一"，二者互为表里，不可分离。知必然要表现为行，不行则不能算知。他以心为主宰的四句教义前面已介绍，他的学术伦理都在四句之中。

阳明心学是明朝中晚期的主流学说之一，后传入日本，对日本及东南亚都有较大影响。

曾国藩说："王阳明矫正旧风气，开出新风气，功不在禹下。"

梁启超认为王阳明在近代学术界中，极具伟大，军事上、政治上多有功勋。他认为王阳明是一位杰出之士，其学术像打药针一般令人兴奋，吐出巨大光芒。

孙中山曾有观点：日本的旧文明皆由中国传入，五十年前维新诸豪杰，沉醉于中国哲学大家王阳明的"知行合一"说。

余秋雨亦认为，王阳明一直被人们诟病的哲学在他看来是中华民族智能发展史上一大成就，能够有资格给予批评的人其实并不多。

王阳明的弟子遍布日本、朝鲜，他的入室弟子中有冀元亨、王龙溪、钱德洪、徐爱、闻人诠。王心斋还创立了阳明学分支。刘宗周是其追随者，蕺山学派的朱舜水东渡日本，影响日本水产学、武士道极深。泰州学派心学人才济济，如王栋、颜钧、王襞、罗汝芳、何心隐、李贽、周汝登。也有现代新儒学开山祖师之一的熊十力及其弟子牟宗山、蒋介石、陶行知。

心学对南岳的影响很大，南岳本土心学代表人物有明万历辛丑（1600）进士康元积，他是明嘉靖（1544）进士万历朝刑部左侍郎王宗沐的学生，康元积专为恩师在南岳庙后建会灵精舍，王宗沐儿子湖广左参政王斗溟为此舍座主，专讲心学，精舍后来被康元积后人改作每年春秋祭祀恩师王氏父子及先人康元积的祠宇，称保泰祠。民间有顺口溜传世："康家祠堂祭得怪，先祭王夫之，后祭康保泰。"

康保泰名字的由来是康元积曾向明神宗朱翊钧上《保泰疏》，以"持盈保泰"为宗旨直言时弊，指责皇帝和宰相偏听妄信，不理朝政，指责吏部卖官鬻爵："吏胥杂流、辄旦夕而得官。"指责户部财困粮空："太仓无二年储。"兵部贪功好大，将疲兵惰"或剥军以养寇，或弄兵以修隙。"工部搞皇亲国戚的楼殿营建，对河道、农田等农业基本建设却马虎了事。礼部则造成"民竞于偷、士习于躁、缙绅竞于门户、文章竞于纤靡"的极坏社会风尚，洋洋五千余言，切中时弊，震动朝野。并要求皇上"选良臣、勤纳谏、忧民生"。

这充分体现了古代知识分子修心齐家治国平天下的责任担当。无论理学心学，真正的士大夫们时刻都有一颗爱国爱民的赤诚之心，这是他们给南岳人民留下的精神财富。

第一一节　王船山与南岳

一、钟情南岳，胸怀家国

船山先生对南岳情有独钟，在莲花峰下结庐续梦庵，断续居住达 18 年之久，曾感叹"与岳患难、惟岳知余、残梦不忘、我报灵墟。"为报南岳这一方洞天福地，他留下的文章诗词有 478 篇之多，诗词写遍了南岳各种名胜与山山水水，南岳采茶七言绝句一次就写了 10 首，有近 5000 字的《南岳赋》，有 2000 余字的《莲峰志》。对该峰历史由来及典故与山溪沟壑石刻逐一做了翔实考证，为南岳峰志之始。与南岳佛教人士更有不解之缘，诗词中不乏心灯佛影，钟磬回音。南岳曾有著名诗僧法智破门和尚，明朝崇祯十年进士及第，明亡后遁隐南岳。在祝融峰下火场庵结庐而居，此处乱石纵横，故取名石浪庵，其写诗自嘲："破门破钵破沙锅，住在溪边煮月多。"船山先生曾夸赞破门"一步一花无别意，春来熏透破袈裟。"的诗句。

王船山于明崇祯十六年（1643）八月为避农民起义

军张献忠部招用而举家从衡阳市区投靠到南岳莲花峰下马迹桥谭允林娘舅家。后在方广寺附近筑续梦庵，并约好友管嗣裘，夏汝弼等人于清顺治五年（1648）聚集附近造纸工人、农民、僧道等数百人准备起兵抗清。结果被清军尹长民部偷袭洗劫，聚兵场地方广寺被大火焚毁，管嗣裘、夏汝弼、王船山都未在军中故幸免于难，但管嗣裘全家被害。船山先生则颠沛流离于广东肇庆、清远、广西桂林及湖南永州、常宁、耒阳、郴州等地，数年后才重回南岳续梦庵生活，为自己早年的政论文章《黄书》定稿，并附后序。同时还写了许多文章与诗赋，如：《重登双髻峰》《二贤祠重读义兴相公诗感赋》《采茶诗十首》《山居杂体》《家世节录》等。

为什么定名《黄书》，也许主要是想彰显黄帝治国之功，黄帝本姓姬，居于姬水，是因黄色在五行中五色相配属土，居中，为九五之尊，位居中心也便于统领东南西北四方。如人之脾属土居中，受纳水谷化生精微输入心肺肝肾与四肢百骸，是人的后天之本。脾在五色中也归于黄，黄属高贵。

王船山东躲西藏之后又回到南岳专为《黄书》定稿，

《黄书》到底写了什么？应该说这是一部纵论中国历史讨伐秦宋的檄文，是想留给后人的前车之鉴。王船山以《原极》《古仪》《宰制》《慎选》《任官》《大臣》《离合》七篇政论及《后序》，以炎黄二帝治国为起端直至明朝覆灭，以孔子修订的《春秋》论述鲁国 242 年从鲁隐公至鲁哀公十二位君王治国的兴衰得失为背景，以黄帝治国用华夏一族传承三千年无外夷入侵为榜样，细数了自秦以来历朝被外族侵略的原因。《宰制》中痛斥孤秦陋宋，意指孤立的秦朝，鄙陋的宋朝。

王船山极力反对私天下，强烈要求公天下，如"不以一人疑天下，不以天下私一人"。他认为导致孤秦的原因就是秦始皇扫六合统一了华夏就把江山看成是自家天下，与别人无干，以暴政治民愚民弱民，最后导致臣各一心，孤立无助，秦朝 14 年时间二世而亡。宋代赵匡胤因夺取政权的手段不正，故采取杯酒释兵权解除功臣武装，猜忌和害怕功臣们像他一样拥兵自重，担心政权旁落，故重用文官治国，最后导致国防削弱，先有靖康之耻，后有崖山海战亡国导致夷狄入主中原，他非常仇恨宋，甚至认为明代也是沿用宋之制度导致亡国，还往前数了晋朝八王乱政，导致五胡乱华。

他对历朝历代帝王把江山据为己有，猜忌功臣良将，削弱国防，导致外族入侵华夏极其痛恨。把外族侵略中华比喻成禽兽杂居于主人的房室，说："华夷之防，正如人禽之防，君子小人之防。夷之不可杂于华，正如禽兽不可杂于人，小人不可杂于君子，华夏不与夷狄同居，人不与禽兽同行，君子不与小人相交。"

船山先生有极强的民族情怀，有华夏独尊的强烈意识，通过历史评论，认为民族利益高于一切，他对"仁义"二字的认识是："以仁爱人，不授以制而尽其私。以义制我，不私所爱而厚其疑。"在《任官》中说："仁以自爱其类，义以自制其伦。"认为仁义的真正意义是维护民族利益和彰显民族大义。

王船山指出："秦私天下而力克举，宋私天下而力自诎。"认为他们为了建立一个家天下无所不用其极。私天下是万恶之源，与明末清初黄宗羲、顾炎武反私天下异曲同工。黄宗羲曾大胆提出："天下为主、君为客"的民主思想。他的观点与孟子"民为贵、君为轻，社稷次之"一脉相承，他说："天下之治乱，不在一姓之兴亡，而在万民之忧乐。"主张以"天下之法"取代帝王的"一家之法"。顾炎武也提出"合天下之私以成天下之公，此所以为王政也"，极力主张公天下并提倡众治。

纵观中国历史，其实为私天下而猜忌功臣，陷害功臣，妒贤嫉能还可追溯到范蠡给好友文种的信——要他离开越国，范蠡告诉文种："狡兔死，走狗烹；飞鸟尽，良弓藏。"文种企图封官拜爵而不愿离开，后来果然被范蠡说中，朝中有人向越王进谗言说文种有作乱之嫌，结果被越王赐死。再看秦朝焚书坑儒，毁灭文化与知识；刘汉政权杀韩信、彭越、英布等功臣；朱明政权杀徐达、刘伯温、李善长、胡惟庸、蓝玉、叶升、冯胜、宋濂、傅友德等。凡欲私天下必会忌讳文化与知识，忌讳功臣能人。重视文化、知识、人才是兴国之基，忌恨与消灭文化、知识、人才是亡国之兆。

二、太虚一实，先见之明

船山先生一生著作颇丰，涉及哲学、历史、政治、经济等诸多方面，他在《思问录内篇》提出："太虚，一实者也。"在《正蒙·参两注》再次说道："虚空即气。"

并在《正蒙·太和注》又提出："虚涵气、气充虚。"这种观念既符合《道德经》第一章"无，为天地之始，有，为万物之母""此两者同出而异名"的理论，也符合佛学"空即是色、色即是空，空不异色、色不异空"的思想。有与无，实与虚，色与空，还包括儒学中的器与道，《易经》中的阴与阳在概念上都相同。太虚是太空，本就是空的，为什么说是实的呢？船山先生在《周易内传》卷五做了回答："阴阳者：太极所有之实也。凡两者之所有，为形为象，为精为气，为清为浊，自雷、风、水、火、山泽以至蜎子萌芽之小；自成形而上。以至未成形相与絪缊以待用之物，皆此二者之充塞无间。"并说，"阴阳二气充满太虚，此外更无他物，亦无间隙，天之象，气之形，皆其所范围。"

其实简单地说太空确实是一个实体，充满着各种物质，既有看得见的，也有看不见的，看不见的无色无味，摸不到，得不到，想不到，闻不到，尝不到，也听不到，所谓"无受想行识，无眼耳鼻舌身意，无色香味触法，无眼界，乃至无意识界"。这些就是佛教中《金刚经》与《心经》宇宙观的理论，也完全符合现代科学观。

用现代科学简单说宇宙间看似纷繁复杂，其实就只有看得见的有形物质和看不见的无形物质两种，看不见的即构成世间万物的原子、质子、中子、电子、粒子。船山先生能认识到太虚一实足见其先见之明，是否从《道德经》或《心经》中认识的，或更有可能是从北宋张载那里继承来的。因为张载的气本论对太虚一实已经论述得很清楚了。如《横渠说·系辞上》："气聚则离明得施而有形，气不聚则离明不得施而无形。在《正蒙·太和》中说："太虚不能无气，气不能上聚而为物，万物不能不散而为太虚。循是出入，是皆不得已而然也。"

三、气一元论，别开生面

王夫之的气一元论颠覆了前人对物和理的认识，他认为是先有物才有理，因为理是存在于世间万物之中的。对"形而上"和"形而下"则认为虽有上下之名，但无界限可以分割开来，规律是从对事物的抽象得来的，因此应该是先有具体形器后有抽象观点。对道家、佛家把"虚无"视为无限和绝对，而将"有"视为有限和相对是把关系弄反了。他认为"有"是无限的，而是"动而成像则静""静者静动、非不动也。"意思是表象的静止实际还是在运动，静止只是运动在局部趋于稳定而形成外象的暂时状态，所以静止的东西不是凝固的，而是活动的，这种客观唯物主义思想开中国与世界历史之先河，比马克思早了约200年。他反对生而知之的先验论，主张"名""实"统一的真知论，认为"知实而不知名、名实而不知实、皆不知也"。并提出"理势合一"的历史观，反对前人的"复大论历史观"和"循环论历史观"。

四、湖湘正统，并非源头

近年很多学者和一些宣传文章，文艺节目都称王船山是湖湘文化的源头，这种说法得捋一捋。周敦颐融儒释道三家思想汇成理学，即客观理性的唯心主义哲学，后传洛阳程颢、程颐兄弟，二位的高足有福建的杨时，杨时的得意门生有罗从彦，罗从彦的学生有李侗，后又传朱熹。这一派有福建以闽江之流著称的闽学派，有源远流长之意，二程兄弟另一个学生叫谢良佐，河南上蔡人，他又把理学传给了福建的胡安国，胡安国后来又再学于周敦颐门下的靳裁之、朱长文，还拜过杨时之门，并令其儿子胡宏拜在杨时门下。

胡安国因不愿与朝廷权奸为伍，曾辞官寓居湖北荆门，因战乱又被湘潭人黎明等接到湘潭碧泉书院讲学，几年后他迁到南岳紫云峰下又开坛授徒。他一生极力反对功名利禄之学，主张读书是为修身齐家治国平天下。他有4个儿子（包括侄子）名胡寅、胡宁、胡宏、胡宪，且各有成就。胡宏后来被四川绵竹张栻拜为老师，张栻趁其父张浚（南宋右相）到潭州主事，住长沙妙高峰之际，在家树城南书院招牌（今湖南一师范校址）讲学。后又被刘珙请到岳麓书院讲学，往来两书院，授徒超千人。闽江派朱熹闻其名，仰其学，三次（杭州一次、南昌一次、长沙一次）拜会张栻。因这一派滋生在洞庭湖以南的湘江流域，故被当时学界称湖湘学派。该学派的核心思想体现在张栻的《岳麓书院碑记》中，张栻的主张是以培养传道济民的人才为要旨，不为科场考试博取功名而设，不为专攻语言文字而已，传道是为拯救百姓。碑记原文有载："侯之为是举也，岂特使子群居佚谈，但为决科利禄计乎？亦岂使子习为言语文辞之工而已乎？盖欲成就人才，以传道而济斯民也。""为民之生，厥有常性，而不能以自达，故有赖圣贤者也"。

因此，湖湘文化的核心思想就是家国担当，民生情怀。

王船山于明崇祯十一年（1638）正值 19 岁之弱冠，踏入岳麓书院之门读书，接受了湖湘文化的正统教育，踏入校门，便想起朱熹、张栻第三次长沙会晤后在南岳的唱酬联句："烟云渺变化，宇宙穷高深，怀古壮士志，忧时君子心。"忧国忧民始终是中国自古以来学人与士大夫矢志不渝的自我担当。

张栻 1165 年进入岳麓书院主讲至 1920 年新民主主义革命前后，城南与岳麓两书院在七百多年时间共培养了五代湖湘人。王夫之、彭浚、陶澍、魏源、曾国藩、胡林翼、郭嵩焘、曾国荃、王闿运、杨昌济、谭嗣同、蔡锷、蔡和森、邓中夏、杨树达、黎锦熙、陈天华、谢觉哉等都就读于岳麓书院。左宗棠、黄兴、毛泽东就读于城南书院（1912年后改为湖南第一师范）。

湖湘文化源于湖湘学派，它有自己独立的学术思想及文化源流，对湘楚文化有三大贡献。张栻主讲的岳麓书院、城南书院是湖湘文化的摇篮，张栻是集湖湘文化的大成者，他的老师是胡宏，上溯至胡安国才是湖湘文化的源头。湖湘文化根源于胡安国的理学，理学的鼻祖是周敦颐，理学的核心思想是传统儒学加道学与佛学。

再说王船山的著作在清早期属禁书，在其去世八年后才由其子王敔联合他人刊行了 27 种并应湖广学政潘宗洛之约写了 4000 余字的《大行府君行述》，才留下了关于船山先生生平事迹的记载。嘉庆年间衡阳翰林马倚元于会汉书室刊刻船山著作十余种，书目达 70 多，但后无存。道光二十年（1840）湖南新化人邓显鹤为船山文稿又出版了 18 种、151 卷，也是第一次系统出版船山书籍。同治初年曾国藩兄弟新版《船山遗书》两次刊刻完成 62 种、298 卷。1930 年民国期间于右任、何健、谭延闿、胡汉民、冯玉祥等人又再版《船山遗书》70 种、358 卷，印刷 700 本。船山大量著作是在中国改革开放后 1982 年由湖南岳麓书社组成专班从头梳理归类，于 1996 年出齐 16 部巨著，为 73 种、371 卷、1093 万字。

船山思想影响了中国近代部分风云人物，因其刊刻发行的局限性，普及非常有限，但他继承并发扬了湖湘文化是不争的事实，可他绝不是湖湘文化的源头，不能随便截断文化源流。闽学派是以江而喻其文脉源远流长，湖湘学派决不能截尾而断其流。

五、可平天下，难均天下

王船山说："平天下者，均天下而已。"他主张"天下为公"，这应该是两个不同的概念。首先说"平天下者，均天下而已。"《大学》的三纲是："在明明德、在亲民、在止于至善。"八目则是"修身、齐家、治国、平天下"。这里指的平天下应该是天下太平之意。

所谓天下太平就是社会制度、法律、规则能使绝大多数人自愿服从，且能自觉维护其制度并充分发展社会生产力，使社会走向繁荣昌盛。这需要公平对待每一个社会成员，法律制度面前做到人人平等，不偏不倚。这种社会是中国自古知识分子自我担当的责任，更是天下百姓追求的目标。

所谓均天下就是社会生产生活资料甚至福利与权利都平均分配，人人平等，强者不可多得，弱者不可少分。这一点在国家政权的制约下是可以做到的，关键是在均等获得利益的同时人民必须会要求均等产生效益，否则就会有社会矛盾，这一点非常难，因为人的体力有强弱，智商有高低，勤奋有差距，思想认识有差别。人的天性是自私的，精神鼓励一段时间可以，长期这样就无法调动生产积极性，这里的关键问题是知识、智慧、管理、资本没有参与分配。生产力低下就会导致物资匮乏，最后平均就会导致贫穷。

实践证实，平均与公平不能画等号，平天下也不是均天下。

任何智者的思想认识都会受到时代的局限，美好的愿望没有通过实践就不会暴露矛盾，只有实践才能出真知。

再说"天下为公"源于儒家的经典名句："大道之行，天下为公。"这是中华民族老百姓的一个愿望与追求，只要全国人民能真正掌握政权，参与国家决策，权力面前人人平等，民主选举国家领导人，人民生活物资与必需资源公有，便是公天下和天下为公。

六、辩证求是，忌伪忌妖

黄宗羲、顾炎武、王船山被学界普遍称为明末清初儒学三大家，理由是他们共同捍卫正统儒学的地位，认为心学偏离了儒学思想，并共同痛恨皇帝把国家沦为私家财产，这与儒家孟子的"民为贵、君为轻、社稷次之。"的思想背道而驰。黄宗羲的《明夷待访录·原君》大胆批判现实社会之为君者"以我之大私为天下之大公"，实乃"为天下之大害"。提倡："天下为主，君为客。"《原臣》指臣子的责任是"为天下，非为君也；为万民，非为一姓也。"《原法》指出："一家之法，而非天下之法。"并公开提出要让天下之法取代一家之法。他还认为："天下之治乱，不在一姓之兴亡，而在万民之忧乐。"《学校》一章中主张扩大学校的社会功能，使之有参政议政的作用。说："天子之所是未必是，天子之所非未必非，天子亦遂不敢自为是非，而公属是非于学校，必使治天下之具，皆出于学校，而后设学校之意始备。"顾炎武读《明夷待访录》后致信黄宗羲说："知天下未尝无人，百王之敝，可以复起，而三代之盛可以徐还也，""同余先生者十之六七。"他非常赞同黄宗羲的观点，并提出："天下兴亡，匹夫有责。""有亡国，有亡天下，亡国与亡天下奚辨？曰：易姓改号谓之亡国；仁义充塞而至于率兽食人，人将相食，谓之亡天下。保国者，其君其臣，由食肉者谋之；保天下者，匹夫之贱，与有责焉耳矣。"

他认为亡国的概念是易姓改朝换代，这个事情是帝王与他那些吃大鱼大肉的臣子之事，与老百姓无关。但亡天下是那些满口仁义道德却带领野兽残害人民，甚至导致人民互相残害，这就是人民自己的事，必须起来反抗，这就是"天下兴亡、匹夫有责"的真实意思。

王船山同样认为爱国不一定是对一家一姓的忠诚，而是维护人民的安危与利益。

在反心学理学方面，顾炎武指出："今之所谓理学、禅学也，不取之五经，而但资之语录。"意即断章取义，为我所用。并认为心学是祸国殃民之学，认为明朝的覆灭是毁在心学上。为此他提出"空谈误国、实干兴邦"，就是批判心学的理论脱离实际。

黄宗羲、王船山同样是反程朱理学与陆王心学的，船山先生说陆王心学"自异端有直指人心见性之说，而陆子静、王伯安附之，陷而必穷，动之不善宜矣"。他认为陆王心学是陷入了禅学。

三人反私天下，反心学是共同的，但对于明朝灭亡各有己见，黄宗羲着重于反私天下，顾炎武侧重于反心学之害，王船山移祸于孤秦陋宋，认为秦始皇是私天下之首，赵匡胤则是猜疑功臣，重文轻武之祸害，以至明朝大杀功臣，削弱国防才被外夷入主华夏。其实这些观点都有偏颇之处，理学、心学都是社会矛盾到了难以调和的时候出现的必然产物，都为解决当时的社会矛盾产生了一定的积极作用，只是后来沦为了统治阶级科举取士的工具才导致空谈为害。明朝的灭亡之责不在宋，而在自身政权的腐朽，如怠政荒淫、宦官专政、东厂专权、罗罪构冤。横征暴敛，民怨沸腾。以此导致农民起义、外族乘虚而入。再者任何政权一旦社会矛盾聚集，没有一种新的政策来调和与服从绝大多数人的利益势必被摧垮，这种新的政策古代称变法，现在叫改革，必须做到极大地发展社会生产力，解决绝大多数人的生活福祉，提高综合国力。

其实秦始皇一统华夏，车同轨，书同文，统一度量衡功不可没，焚书坑儒，树独家之功而亡他，视天下为己用是事实，但在战国时勾践杀文种已有先例。赵匡胤的杯酒释兵权比刘邦、吕后杀彭越、英布、韩信等要文明多了。朱元璋杀功臣不一定全是步宋朝之后尘。历史上的范例不胜枚举，这是统治者之恶习、之凶残、之自私，而且千篇一律的是先有人举报谋反，然后帝诏杀人。其手段并不高明，其居心世人皆知。

船山先生是哲人是智者，是思想家、政治家、文学家，在哲学、天文、地理、诗赋等方面建树颇丰，似乎厥功至伟。近代特别改革开放后，被捧为神人，名扬中外。

其实评价历史事件与历史人物不能脱离他生活的时代，要客观地评价。任何伟大的人物都是时代催生的结果，因为社会矛盾聚集到了不可调和的时候，一些学养丰富、善于观察事物、分析矛盾成因、洞察社会变化、了解底层情况的智人提出了解决矛盾的方法与思想。这是时势造英雄的结果，包括文官武将都是一样的道理，当他改变了面貌之后又提出自己的想法与主张才有英雄造时势。脱离现实、脱离历史、脱离时代，偏颇一方都是难以被人信服的。如鲁迅批评罗贯中的《三国演义》写刘备仁厚而近伪，写孔明多智而近妖。

第一二节　从南岳破门与大错和尚谈儒释道文化

南岳以儒释道三教相融，共存一庙，和于一山而著称，这种和合文化就是儒家《中庸》"万物并育而不相害，道并行而不相悖"的典型。三家文化在南岳留下了浓墨重彩，儒家有宰相李泌，理学大家胡安国、胡寅、胡宁、胡宏、胡宪、张栻。心学大家有湛甘泉、王阳明、王船山、王宗沐、王斗溟，这些名人都是当时朝廷要员。佛家有慧思、法照、承远等被朝廷奉为国师，佛教八大宗派有六大宗派在南岳弘法。道家有魏华存、司马承祯、李汉光、薛季昌、王仙峤等被唐代封为国师或天师。道教上清派、正一派、全真派都在南岳传承。两教名人其思想之丰富，学术之广博，著作之繁多难以胜记。南岳称道教名山、佛教名山、儒教名山足以当之，称中华传统文化宝库也足以当之。

一、儒家文化教化的大错与破门

南岳志载大错和尚与破门和尚两人曾相处三日无语，相对而泣，为什么？只能从他们所处的时代背景去解读。两人系今江苏同乡，都是明朝灭亡时的儒学大家，明末遗臣。大错本名钱邦芑，明灭后曾奉吴三桂举旗反清复明，被封为南明御史，后孙可望叛逆，强迫钱邦芑出任属吏，他拒绝为伍，当天削发为僧，取名大错，知大错者应是大彻，但到底错在哪里？是明朝之错？是自己之错？不得而知。是读书之错？是道路选择之错？是为官之错？无从知晓。他既是儒学大家，有一点可以肯定，那就是志无以伸，追溯一下儒家文化的精神实质与读书人的责任是什么？或许能找到答案。

儒家主张以人为本，推行仁政，要求以德服人。实行王道，反对以力服人的霸道。清兵入关时大肆杀戮，嘉定三屠，扬州十日，这令华夏士大夫深恶痛绝，清兵这种行径与儒家文化大相径庭，华夏士大夫们不愿为其效力，只有遁避山林。

大错和尚钱邦芑的眼泪是为亡国之痛而流的。当时他可以卖身投靠清朝继续做官，但作为忠臣不事二主的士大夫骨气，作为誓死不做亡国奴的他是绝对不会投靠外邦的。他曾自诩"梅也者，赋性幽贞，天姿雅洁，傲雪霜而独笑，友松竹而争妍。"大错和尚钱邦芑读书既没有效国也没有成仁，志无以伸这可能是大错的由来，哭泣的根源。

二、佛教文化影响的破门和尚

再来说同属儒家文化熏陶的破门和尚，佛号法智禅师，号破门。明崇祯十年进士，明朝灭亡后遍游诸山，最后隐居南岳芙蓉峰下，结茅为庵，因乱石遍地又取名石浪庵，在佛学中破门二字比大错二字容易理解，从推理说应是破门而入空门，唐代大诗人王维有："一生几许伤心事，不向空门何处销。"

《大智度论·释初品》："空门者，生空、法空。"要理解佛教的"空"就要明白其宗旨，佛的核心思想是万物轮回与无常，终极目标是成佛。什么是佛？佛即觉悟的"心"，何为觉悟？"见诸相非相即见如来。"何谓"相"，在佛学中"相"与"色"同义。即一切有相貌与颜色的物体统称相，也叫色。即平时大家普遍说的色相，也即品相。当你见到所有物体而不执着，虽有还无，一闪即过，一切无常，无常态，不常有，这就是佛的境界。

曾有一位和尚带着小徒弟在河边遇一姑娘无法过河，焦急中和尚将姑娘背过了河。小徒弟却不解，认为这是违戒而近女色。师父说："我把她背过河就放下了，你走了这么远至今还没放下，自己想去吧。"其实做人得实事求是，见困难就帮，无须顾忌教条，背姑娘过河是帮人度过苦厄，也将自己度入慈悲，放下即是破除执着，也叫破相。不执迷于色相。如果心生邪念，留念其异性或相色就成不了佛。人为什么贪？就是不能破除执着，看到自己想要的，为满足欲望就千方百计去索取，有这种物欲之心就一发不可收。

因为贪就放弃法制与道德规范，使社会失去公平正义。

与色相对应的是空无，空即看不见、摸不着。空有两种理解：一种是不执着于色相，在意念中不存留，在六度中重布施，有就施舍度人苦厄，慈悲心济人济世。第二种就是变，世界上万物都会变，色可变空，空也可以变色，所谓色即是空，空即是色，二者没有本质区别，因为色不异空，空不异色。

不变只是相对，变才是绝对，世界万物没有一成不变的，福不常有，祸不常无，因缘催生，福祸相倚。想想"雕栏玉砌应犹在，只是朱颜改"的江山易主。想想"四十年来家国，三千里地山河。凤阁龙楼连霄汉，玉树琼枝作烟萝，几曾识干戈？"的无知到"一旦归为臣虏，沈腰潘鬓消磨。最是仓皇辞庙日，教坊犹奏别离歌，垂泪对宫娥。"的无奈自然就明白了。晚清有一人之下、万人之上的李鸿章与富可敌国的盛宣怀一对权钱交易的两大巨头，最后儿孙由纨绔沦为乞丐。这是社会与人生的变，也是色与空的变、有与无的变。但从另一方面看，虽然财富易主，但依然保留在社会，财富本身没变。自然界也是如此。俄国曾有一位科学家做过炼铅的实验，将铅放入罐中密封加热后再熄火，将挥发在罐壁周边的和冷却凝固的合起来再称重量完全相等，所以整个过程色空互变证实了不增不减、不垢不净，这就是今天科学证实的物质不灭与守恒定律。

宇宙间看似纷繁复杂，其实就只有看得见的和看不见的两种物质，两种物质可以相互变化。

做人既不能损人利己，更不要损人害己，利他就是利己，害人必会害己。佛教的智慧是因果轮回哲学、恶因恶果、善因善果。如姑娘想过河但自己不能过，这是因，和尚背她过河，最后姑娘如愿以偿，这是善因善果。给姑娘解决了困难，和尚做到了慈悲与自觉，甚至也能觉她，教她多行善事。

破门和尚在南岳山中说："山中之事说与君，朝有烟霞暮有云，睡起午窗松影度，林间鸟语少人分。"破门的孤独使同隐南岳山中另一个晚明遗臣王船山慕其诗名来拜访他，并在《南船漫记》云："诗僧本不足附曹，桧之末。唐宋之诸名僧，技止此耳，况今日哉！识量止于其域，大无能摄，微无能入也。予所见者僧法智一绝云：'一步一花无别意，春来熏透破袈裟。'差为疏笋之雄。"可见破门诗工了得。王船山有《石浪庵赠破门》："潜圣峰西携杖来，龙腥犹带古潭苔，祝融瞒我云千尺，特向吾师索价回。"顺治六年（1649）进士的湖广永州知府黄中通曾在《破门诗跋》中说："破门居衡山二十余年，以诗自误。更工草圣书，祝融、紫盖之精灵与蒲团，墨渖打成一片。久不出山，以故人黄中通辈官岭外，芒革奚策杖，渡潇湘，下滩水，于炎荒寥落中共谈咏焉。"说明破门竟然不远千里，跋山涉水去找人谈诗咏，足见其对诗赋之热衷。

破门书法据清代《广阳杂记》载："师能诗善书，书法为湖南第一。"又云："师临智永千字文，深入晋唐阃奥，绝无近人蹊径，黄慎轩而后，不可多得。"马宗霍《霋岳楼笔谈》载："破门和尚狂草，高处落墨，远去养势，怀素之嗣响也。"南岳芙蓉峰尚有破门"芙蓉峰""观河林"石刻。

法智破门真正做到了心无挂碍，处处见其洒脱之性情，在雁峰寺撰一联："上一点，下一点，与我何干，到此处看看，都只为游山玩水；达也好，窘也好，管他做甚，来这边走走，无非是拜佛烧香。"

破门禅师的彻悟尤见："朝衣脱去著僧衣，倚仗柴门送落晖。鸥鸟也知机虑尽，随波来往不曾飞。"

南岳在历史长河中像破门法智这样的文人雅士、达官贵人，来此潜修遁隐者不胜枚举，且各有特长。为什么都不约而同选中这座山，一是五岳之独秀，云雾之缭绕，林荫蔽日，松涛摇风。二是文人墨客遗咏，才子佳人流风。三是偏江南之一隅，少庙堂之干预，远离政治中心。加之古代交通之不便，管理者虽非故意之无为，但却是实质之难为，只能任其思想笔墨自由在此挥洒。加之自古以来儒释道三教在此相洽相融，自然而然形成无为而治。

三、道家之无为

《道德经》所谓"天地不仁，以万物为刍狗，圣人不仁以百姓为刍狗。"这句听起来不爽，但话糙理不糙，实质是善意，刍狗是用狗尾巴草扎的祭品，天地对待万物不要特别去关照，圣人即统治者或管理者对待百姓也不要特别过多地去说教，任其自由生长化育，不要过多去干预。实际是给万物及百姓以自由，相信民众的智慧，高手在民间。接着《道德经》说："天地之间，其犹橐籥乎？虚而不屈，动而愈出。多言数穷，不如守中。"意思是天地之间就好像一个鼓风的风箱，越动它越事多，管得越多越问题不断，不如干脆守其中，任造化自然，可能反而生长更好。

西汉推行无为而治，因此产生了"文景之治"的盛世，所以才有了后来汉武帝开疆拓土的资本。

《道德经》第三十七章"道常无为，而无不为，侯王若能守之，万物将自化。"老子的意思是道能经常做到无为，就是不去或少去干预万物，才会产生无不为的效果。正如我们现在的法治理念，法有规定管理者才可为，法无规定民众就可以任其发挥发展，像中国今天的电子科技能走向世界，能出现马云、马化腾、任正非、刘强东这些抛弃时代的人，能引领中国甚至引领世界潮流的人就是万物化育的结果。也是无不为的效果。这个"化"的前提就是先"守"，就是管理者守住法有规定才可为，法无规定别乱作为。"无为"是针对管理者说的，与"守"同义，也就是克制，只要权力者能恪守职责，百姓自然就会发挥主观能动性，发展生产力，在产品中自我优胜劣汰，在良性生产环境中形成规范有序的规律。

四、道、儒、释三教思想的相同点

道家文化的核心理论是阴阳学说，阴阳理论产生于远古的伏羲或神农的八卦理论，是《易经》的源头，那个时代称连山易，人居环境面水背山。以艮卦为始，黄帝时代称归藏易，以坤卦为始，坤卦纯阴之卦，万物藏于地下而取义。最后演变成《周易》，是周文王在姜子牙指导下催生的，由八卦演变六十四卦，并产生了卦辞与爻辞。从乾卦开始，乾为万物之源。《易经》后来经过了孔子的修订整理，编写了《十翼》，又称《易传》，对卦辞爻辞作了注释。内容包括《彖》上下、《象》上下、《文言》、《系辞》上下、《说卦》、《序卦》、《杂卦》共十篇。因此《易经》阴阳理论是道家儒家共同的文化。

中国文化的源头是道家，鲁迅先生说："中国的根底全在道家，正是道家的哲学和思想，赋予中国人以特殊的素质和能力，成为积极、自主、宽容的中华民族精神的最坚实基础，创造了辉煌灿烂的文明。"英国的中国文化研究专家李约瑟也说："中国人的性格中有许多最吸引人的因素都来源于道家思想。中国如果没有道家思想，就会像一棵深根腐烂的大树。"这种道家文化源于黄帝，成于老子；当然也杂墨法等诸子百家之流。现在人们称为黄老道学。但归根结底是中华人文祖先的共同产物与文化，经过几千年的传承许多道理依旧用于四海而皆准。

儒家文化核心是仁、是礼、是善、是仁政，要能胸怀天下，但做到这些则要有足够的学养，达到内圣的条件，才会有外王的风范。儒家以圣贤为终极目标，圣贤的价值观就是修身、齐家、治国、平天下，是像张栻说的："为民之生，厥有常性，而不能自达，故有赖圣贤者也。"意思圣贤是为下层普通老百姓代言，因为他们没有文化，难以清楚地表达自己的意愿。

儒家与道家文化很多观点是互相交织的、相同的，儒家也照样提倡无为，孔子在《论语·卫灵公》中说："无为而治者，其舜也与？"《礼记·中庸》篇："舜举众贤在位，垂衣裳恭己，无为而天下治。"。

儒释道三家文化最关键的相同点是民本思想，儒家的仁、善、胸怀天下，释家的慈悲、不执着、懂放下、戒贪念、善布施，道家的无为给万物与百姓以自由。三家文化从各个不同的角度心心念念着芸芸众生。

儒释道三种文化没有绝对的好和绝对的差，只能学习其精华，扬弃其糟粕，两害相权取其轻，两利相权取其重。

五、大错与破门的爱国情怀

大错与破门隐居南岳，不入清朝为官，是一种民族气节与文化自信，同隐南岳的王船山甚至头戴斗笠，脚穿木屐，其意与清廷不共戴天，清廷请其出仕坚辞不受。并作一联"清风有意难留我，明月无心自照人。"船山先生久居南岳山并筑"续梦庵"续明朝之梦，与僧侣相伴。也多与大错、破门往来，都不愿作亡国奴而意气相投，可能有人会说这是一种狭隘民族主义，但是站在当时的社会这是一种民族大义。不能用今天的时局去评价古人，人的思想观念都会受时代的局限。中国的文化传承至今就是因为有这些文化信念的执着者。

六、中国传统文化的伟大

中国传统文化至今有 5000 年历史，一是由于其合理性，黑格尔的理论存在的就是合理的，为什么合理？是因为其民本性，因为人民是国家的主体，是国家的绝大多数，任何统治者忽视人民的生存与利益，势必垮台。所以唐太宗在魏徵的进谏下提出了水能载舟也能覆舟的名言。有些王朝贪图享乐，忽略民生。受传统文化教育的士大夫就敢于直面帝王为民生据理力争，为民请命，甚至以命相搏。所以有"文官不怕死，武官不要命，天下自然太平"之说。自古以来知识分子都是以修齐治平为信条，当然也不乏文化败类，但毕竟是少数。重视与否定知识与知识分子是民族兴亡的关键。认为知识与知识分子是为统治阶级服务的这种理论要一分为二，对重视民生、以人民利益为重的统治者应该维护，因为他们是良序的制定者和执行者，没有规矩的无政府主义势必天下大乱。对那些鱼肉百姓、横征暴敛的统治者必然会走入物极必反的覆舟之中。

中国传统文化除了合理性、民本性之外还有其相融性，中国地域的不断拓宽就是因为文化的融合，春秋战国时期是思想、文化、诸子百家的摇篮。由于这些思想观念的认同给秦始皇扫六合提供了理论依据，后来的五胡乱华形成五胡十六国到拓跋焘统一北方，形成南北朝后被杨坚统一建立大一统的隋朝依然是文化的认同。宋亡之后元朝虽是外族但依然使用中国传统文化治国，让许多宋朝士大夫当官主政，明朝覆灭后清朝照样请汉族知识分子教皇帝读书，用中国传统文化作为朝纲。任何外族入侵华夏都没有带进自己的文化，足见中华传统文化之强大与伟大，绵延 5000 年依然兴旺发达，是世界四大文明古国唯一没有断层与改变的文化，只有传承华夏文明才能使中国腾飞！

第一三节　民族大义中的南岳游干班

国共合作抗日及南岳佛道救难

1931 年 9 月 18 日，日本军队进攻沈阳，号称九一八事变，这一日预示第二次世界大战爆发。由于国民党采取不抵抗政策，致使日本军队迅速占领了中国东北，并成立伪满洲国。1932 年 1 月 28 日，日军进攻上海，又爆发一·二八事变。1937 年 7 月 7 日日军又在北平挑起七·七事变。抗日战争全面爆发，北平、天津、石家庄、安阳相继沦陷，同年 11 月 12 日上海沦陷。接着日军侵略者兵分两路直指南京。1937 年 12 月 5 日，日寇下令攻城，12 日占领雨花台，中华门城墙失守，中山门被夺，傍晚，南京守军司令唐生智下令撤退，日本军队全面占领南京，在其华中派遣军司令官松井石根和第六师团长谷寿夫的指挥下，对中国军人和南京百姓进行长达六周的血腥大屠杀。被集体枪杀的大惨案就有 28 起之多，数十万冤魂发生在顷刻之间，这一切被 5 位英美记者收入了镜头与史册。

这次惨案比 1900 年 7 月 15 日至 8 月的俄国封锁黑龙江，占领中国东北三省，制造江东六十四屯大惨案，进行四次大屠戮，导致尸塞江流，死 20 余万人还要惨烈，是中华民族泱泱大国的奇耻大辱。

1938 年，开封、武汉、广州又相继沦陷。

究其原因是由不抵抗到无法抵抗的失算，是寄希望于英美法等国家出面调停的误判，是武器装备差距悬殊的无奈，是战略战术上的重大失策。其中，并不乏无数官兵的英勇壮烈与慷慨悲歌。

1938 年 10 月蒋介石在武汉召开国民党高级将领会议，第十八集团军总司令朱德应邀参加，并代表共产党提出建议，由国共两党合作举办游击干部训练班，开展中共提倡的古代彭越施行的游击战，彻底改变对日作战战术。蒋介石应允并提出请中共拟订方案。不久，周恩来与叶剑英制定了"游击干部训练班教育计划大纲"。由周恩来提交给蒋介石，11 月蒋介石在南岳召开最高军事会议，周恩来、叶剑英应邀参加，共同拟定训练班名称为"军事委员会南岳游击干部训练班"。后因白崇禧提出异议更名为"军事委员会军训部南岳游击干部训练班"，简称"南岳游干班"。蒋介石兼主任，白崇禧、陈诚兼副主任，汤恩伯任教育长，叶剑英为副教育长。

民族大义战胜了党派敌对，为挽救中华民族危亡，紧急关头终于达成枪口一致对外。

游干班第一期于1939年2月15日开学，校址在南岳白龙潭的圣经学院，学员来自全国各战区部队选送的团级以下军官及各县级政府国民党党部人员和三青团保送的党政人员。以及从衡山、衡阳、曲江、桂林、吉林等地招收的部分高中毕业生，其中十分之一是女生。第一学期共1046人，于5月15日结业，历时三个月。

第二期于6月20日开学，9月20日结业，学员530人，第三期于1939年11月20日开学，1940年2月3日结业，学员1459人。其中第一期七、八两队学员因故于4月上旬开学，7月5日结业。学员结业后都被分配到了各战区部队任职。

游击战充分发挥了中国古人传统的战略战术与具体情

况相结合的特点，充分利用了中国人熟悉地形地貌的优势，调动全国人民同仇敌忾、共赴国难的激情，使日本军队陷入了人民战争的汪洋大海之中。

彭德怀提出的游击战十种战术如袭击战术、伏击战术、防御战术、麻雀战术、追击战术、退却战术、围困战术、地道地雷战术让日寇吃尽了苦头，而且损失惨重。

游干班的学习课程有政治课、军事课。蒋介石、周恩来、叶剑英、白崇禧、陈诚、胡愈之及日本共产党、日本反战同盟成员鹿地亘等人都到游干班做过专题演讲。

叶剑英在此期间曾登南岳祝融峰题诗赠游干班教师伯康先生，"四顾渺无峰，天风吹我衣，听涛起雄心，誓荡扶桑儿。"慷慨激昂地立誓扫除日寇。

中国共产党派到游干班工作的有 30 多人，对外称中国共产党代表团，团长叶剑英，教官有李涛、边章伍、吴奚如、李伯崇、蒋子正，还有越南共产党领导胡志明（化名胡光，以代表团译员作为掩护）、江竹筠（江姐）等。

在南岳举办三期之后，游干班则迁祁阳、零陵等地又举办了四至七期，中共代表团没有随迁。

但中共代表团在南岳鼓动佛道教抗日热情，1939 年 4

月 23 日以佛教巨赞、演文为首组织了南岳佛教救国协会，周恩来为协会题词："上马杀贼、下马学佛。"接着举办了各寺庙联席会议，后在叶剑英的建议下将名称改为"南岳佛道救难协会"，将道教联合起来一同参与抗日，并教导大家团结的人越多越好，越广泛越好。有祝圣寺、南台寺、福严寺、上封寺、大善寺的青壮年僧侣和少量道教人士共 70 余人，上封寺宝生和尚为会长，祝圣寺方丈空也、南台寺方丈悟真、大善寺知客有缘，道教三元宫住持刘光斗为副会长，下设股室，演文任训练股长，巨赞任宣传股长，明真任文书股长，曼慈任事务股长，灵涛任书记长（相当于秘书长）。

5 月 7 日在祝圣寺召开成立大会，叶剑英应邀参加并发表演讲——"普度众生要向艰难的现实敲门"。5 月 8 日举办军事训练班，至 6 月 20 日结束，并将有一定文化的佛道青年组成两个宣传队，以巨赞、演文为首带领一队从南岳赴长沙。暮笳、绍贤为首带另一队往湘潭，广泛开展抗日救亡宣传活动，并在《阵中日报》出版《佛青》特刊，街头刷标语，举办佛青壁极。徐特立先生在八路军驻湘通讯处接待了巨赞等，并进行了亲切交谈。佛道救难会深入前线开展宣传活动得到了远在重庆、桂林等地的郭沫若、田汉、邹韬奋、夏衍的鼓励与支持。夏衍主办的《救亡日报》报道了协会成立实况，全文转载了叶剑英的报告，制版刊登了周恩来给救难协会写的"上马杀贼、下马学佛"，以及田汉给救难会的诗前面两句："僧衣脱却着缁衣，敢向人间惹是非。"重庆《新华日报》全文刊载了救难协会的章程与宣言，香港一家世界语杂志将救难会章程译成世界语进行了全文刊登，引起世界震动。1939 年冬，广西佛教协会会长道安法师聘请暮笳去桂林月牙山举办《狮子吼》全国性月刊杂志宣传抗日。

第一四节　有负南岳

东汉史学家班固提倡实事求是，毛泽东主席 1941 年 5 月 19 日在《改造我们的学习》一文中也提出实事求是，邓小平反复强调实事求是，这四个字其实是做人做事做官的准则。

在南岳半山亭索道站入口处有一石碑上刻着"有负南岳"四个字，款署石宏规。这究竟何许人也？据《南岳区志》

载，石宏规（1898－1982），字爱山，艾三，湖南永绥（今花垣）人。苗族，湖南省立文科大学毕业，曾任凤凰、乾城、麻阳三县联合乡村师范校长、乾城县长、省田赋管理处副处长等职。

石宏规1934年7月至1937年1月和1941年至1946年春两度任南岳管理局局长，他在南岳期间为南岳的基础建设做了大量的工作，规划和建设了南岳古镇的街道和商铺，修筑了半山亭至南天门、南天门至藏经殿、磨镜台至老塔乙三处简易公路，建成了南岳林场苗圃，大规模绿化南岳山，栽种金鸡岭、半山亭、老塔乙、上封寺、祝融峰的黑松，修复了被日本飞机炸毁的南岳大庙部分古建筑和南岳部分寺庙，清理文物，而且事必躬亲，沦陷中率部分职员、警察避居方广寺，坚持与日寇周旋。光复后几度向省救济分署申领救灾物资赈济灾民，以工代赈进行南岳战后恢复工作，并主持编撰《南岳一览》，亲自作序（书稿由后接任局长胡荫槐石印传世）。

石宏规在南岳的履职也只能在区志中了解这些了。网上也没有更多他在南岳工作的情况，但在战乱时期两度担任南岳管理局局长，且当时国家积贫积弱，时局动荡依然能做这么多的事情，实在难能可贵，但在离职时并不是大吹大擂自己的卓著政绩，而是立石刻碑"有负南岳"，猜他应该是对南岳的规划建设有一个远大的目标和宏伟的蓝图没有实现，而感到十分的自责和愧疚，是对南岳名山的敬畏，是对南岳人民的自责，是对自己职务的担当。

当然在过去王能罪己者很多，大禹有一次看见犯罪之人就伤心痛哭，问其左右曰："尧舜之时，民皆用尧舜之心为心，而予为君，百姓各以其心为心，是以痛之。"

商灭夏后，汤布告天下，安抚民心，史称《汤诰》，汤深刻地检讨了自己的过错说："罪当朕躬，弗敢自赦，惟简在上帝之心，其尔万方有罪在予一人，予一人有罪无以尔万方。"在商连年大旱，五谷不收，负责宗教祭祀的大臣说，要杀人祭天，向上帝祈祷求雨，于是汤剪掉自己的头发、砍断自己的手指，祷于桑林，汤说是我有罪不能连累大家："余一人有罪无及万夫，万夫有罪在予一人，无以一人之不敬，使上帝鬼神伤民之命。"后民心大悦，雨亦大至。从汉文帝刘恒到清代光绪先后有 88 位帝王颁过罪己诏，其中当然不乏诸多作秀者，但那些罪己诏多是在政局动荡、自然灾害、朝廷内乱等时期安抚民心不得已而为之，但石宏规却是在时局动荡、国乱民危时做了大量工作，在历史文献中既没有找到上方追责，在百姓口碑中也没有听到民怨沸腾，但他却以"有负南岳"四字了却了他在南岳任职期间的叙述。可敬！可敬！

相信时人不会负南岳，南岳决不会负时人，历史将是一面镜子。

附:

宋明理学传承脉络浅疏 700 年

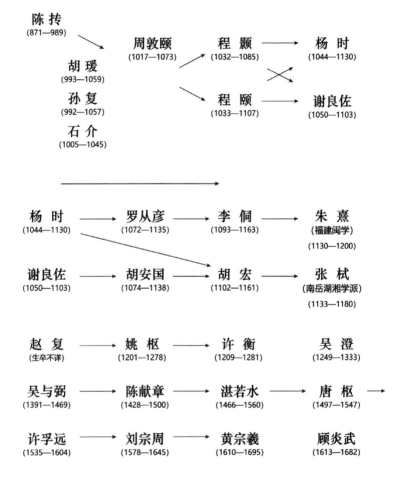

宋明理学传承图表

理学是借自然规律认识社会指导社会

　　不能用今天的文明去苛求古人，但对其思想观念可吸其精华去其糟粕。宋明理学是当时的社会需要，在其产生与传承的过程中都有其作用，与当时的社会总体来说是相适应的。虽然思想是指引社会发展的灯塔，但毕竟社会发展程度的局限也会限制人们的思维空间与走向。如理学中提出的"灭人欲"显然不正确，既没有分清"人欲"的本能与过分的关系，也没有分清"人欲"的善恶关系，对于人欲的概念胡宏说："夫人目于五色，耳于五声，口于五味，其性固然，非外来也。"他认为这是人之本性，人的生理与精神需求是与生俱来的，本能的人欲是正常合理的，不能笼统不分青红皂白以三个字概而论之。

　　人欲包括人的理想与希望，这是人们赖以生存、社会赖以进步的思想寄托，这是人欲善的一面。灭的应该是恶的一面，如滥用权力、危害人民，为了个人利益损害公共利益甚至为非作歹，这些应该受到道德与法治的约束，当然这些也收归理学派"存天理"的范畴。

理学随着各人的认知不同有的将简单变成复杂，也有的将复杂化为简单，二程的天理人欲论，形成二元对立，显然是错的。王阳明说天理即人欲，明清之际王夫之、戴震极力反对天理人欲论，甚至认为禁欲主义成了杀人的机器，原因是有人鼓吹妇女绝对要遵守封建伦理教条，因为夫为妻纲，所以提出妇女"饿死事极小，失节事极大"。

二程把周敦颐的理学思维细化了、复杂化了，有点观念也曲解了。灭人欲也许二程初衷不是完全禁欲，而是因为一开始就缺乏正确的论述而被后人扩大化了。将天理人欲形成二元对立，非白即黑，非善即恶，这并不是周敦颐的思想初衷。

周敦颐的理学又被称为道学，也就是遵循道理的学问，究竟是什么道理？这个道理就是从解说太极图而来的，他的理论是《太极图说》和《易通》。

太极就是易经阴阳理论，产生于远古伏羲及后来的黄帝、禹帝、周文王、姜子牙、周公旦、老子、孔子，以及后来历朝历代都在研究的哲人们。太极的阴阳并不是二元对立,而是此消彼长的轮回,就是《道德经》说的"有""无",儒学中的形而上之"道",与形而下之"器"。佛教中的"色"与"空",中医的"形"与"气",王船山的"聚"与"散",是被今天科学证明颠扑不破的真理。儒释道三者文化在认识自然与社会观点上是一致的,只是用词与表述不同,故早在南北朝时梁武帝就提出三教合一。三个教派中也各都有人提出三教合一。

周敦颐根据陈抟的太极图中的混元态提出太极之先是无极,无极用今天的话说应该是蕴藏能量的实体,相当138亿年前宇宙大爆炸前的混沌状态,是中国古人描述的盘古,也相当于二程说的"理",胡安国说的"元",张载说的"气"。胡宏说的"性",陆九渊与王阳明说的"心",还相当于国家新成立而未发挥功能的机构,这种状态是被哲人们所认为的"未发"。一旦因缘驱使由无极转变为太极,就有了阴阳,就可化为功能或物质,可化生万物。也就是"理本""气本""元本""性本""心本"理论的相对面,这就变成了"已发"。两者之间是一对矛盾,这对矛盾就是阴阳两极,在自然界与社会形态中的表现是互相缠绕。两者任何一方永远不会消失,你中有我,我中有你，就是太极图中黑面中有白点，白面中有黑点，两者在某种因缘的撮合下会出现消长转化，有时又会两者相互制衡，自我形成最佳的平衡状态，黑白相等。故道家思想主张无为而治，反对人为破坏其自然规律。在汉武帝之前王朝主张遵循道家无为而治的原则，所以有文景之治的兴旺气象。

阴阳两极一旦走向极端就会物极必反，假如社会矛盾出现剧烈变化，大乱就会导致大治，所以古人提出乱世用重典。如果遇到严重自然灾害或外邦侵略导致生灵涂炭，一定会出现时势造英雄，大难必会兴邦，如共产党救中国。

宋明理学就是在探寻这样一条自然规律来认识社会和平衡社会矛盾，维护社会秩序，以达到天下太平的目的，这也是古代知识分子格物致知，诚意正心，修身、齐家、治国、平天下的理想追求。